AF319963

10 juin 1617,

EXTRAICT

DV LIVRE INTITVLE'

CONSIDERATIONS POLITIQVES

Sur le faict du Commerce de France.

Composé par vn Habitant de la Ville de Nantes, & Imprimé en ladite Ville en 1646.

AVEC VNE DECLARATION DV ROY, & vn Arreſt de la Cour de Parlement de Roüen, Portant deffenſes à tous ſes Subjets de fretter és Ports de France aucuns Nauires Eſtrangers ; Et à tous Eſtrangers de charger eſdits Ports aucunes Marchandiſes que ſur Vaiſſeaux François, ſoit pour tranſporter leſdites Marchandiſes d'vn Port & Havre de ce Royaume en vn autre, qu'és Ports & Havres des autres Royaumes & Pays Eſtrangers.

A PARIS,

M. DC. LIX.

14630

[illegible]

[illegible]

[illegible]

[illegible]

[illegible]

[illegible]

[illegible]

[illegible]

[illegible]

[illegible]

Table du contenu en ce Liure.

EXTRAICT DV LIVRE INTITVLE'
Confiderations Politiques
Sur le faict du Commerce de France.

*Composé par vn Habitant de la Ville de Nantes,
& Imprimé en ladite Ville en l'année 1646.*

ESTAT DV PEV DE COMMERCE
que les François font à prefent par leurs mains.

CHAPITRE III. de la premiere Partie.

IETTANT ma veuë dans toute l'eftenduë de la France, pour y reconnoiftre l'eftat de fon Commerce, comme l'exercice le plus important au bien de fes Peuples, je me fuis eftonné de trouuer à prefent la vigueur de ceux de cette Nation dans le Negoce toute amortie & prefque aneantie. Ie fuis faifi de honte & de douleur, de rencontrer la plufpart de nos Marchands fans action, nos Matelots fans occupation, nos Havres fans Vaiffeaux, & nos Vaiffeaux brifez & efchoüez fur le fable. Ie cherche la France chez elle-mefme, quand bien à l'imitation de Diogene ie porterois la lanterne en plein midy dans nos Villes & nos Havres pour vn Marchand François, j'entens vn homme puiffant en moyens comme au paffé, negociant és Pays eftranges, & ayant de grandes correfpondances parmy les autres Nations, j'aurois de la peine à le trouuer : tout eft occupé par les Eftrangers dans la France, & à peine refte-il quelque place pour nous chez nous-mefmes.

Puifque tout cela eft notoire, ie le puis bien efcrire : & puisque peu de perſonnes le conſiderent, ie ſuis contraint de mettre ſous les yeux des François, le déplorable eſtat de leur Commerce, à ce que comme l'objet preſent eſmeut la puiſſance à l'action, leur mal-heur & leur miſere les puiſſent eſmouuoir à y apporter remede.

La premiere choſe qu'il faut conſiderer, c'eſt le petit nombre de Vaiſſeaux de Mer qu'il y a à preſent dans la France pour le Commerce. Ce qui eſt aiſé de connoiſtre par la viſite de nos Coſtes & de nos Havres, où nous ne voyons à preſent que Vaiſſeaux eſtrangers, qui couurent quelque petit nombre de vaiſſeaux & de barques Françoiſes; en ſorte que pour dix ou douze des noſtres, on y en compte iuſques à cinquante & ſoixante de ceux des Eſtrangers. Les memoires de la France nous aprennent qu'en prés de quatre cens lieuës de Coſtes maritimes que nous auons, il y en auoit autresfois plus de ſix mille pour la guerre & pour la marchandiſe: & maintenant apres vne exacte recherche, à peine en pourrions nous trouuer ſix cens. Et au contraire, toutes les Nations voiſines de la France, ont augmenté notablement depuis trente ou quarante ans le nombre de leurs Vaiſſeaux; en ſorte qu'on croit que les Holandois qui n'en auoient que quatre ou cinq cens, en ont à preſent plus de dix mille. Et tous les autres Royaumes & les Prouinces voiſines, ſurpaſſent à preſent la France d'vn excés notable en quantité & qualité de Vaiſſeaux. Puiſque donc les Vaiſſeaux ſont les moyens vtiles & abſolüment neceſſaires pour l'exercice du Commerce; déſja la décadence & la ruïne du Commerce de la France paroiſt évidemment par la perte & diminution ſi notable de ſes Vaiſſeaux.

Ce premier mal eſt ſuiuy d'vn ſecond, & ce déchet de nos Vaiſſeaux nous jette dans la perte du trafic des Marchandiſes eſtrangeres, principalement des Indes Orientales & Occidentales, & des terres Septentrionnales; en quoy neantmoins conſiſte toute l'intrigue & le profit du Commerce de ce temps: car les deſirs deſréglez de noſtre nature, nous portent toûjours à rechercher ce qui eſt ſuperflu: & les choſes eſtrangeres nous ſemblent meilleures parce qu'elles ſont plus rares, & la rareté nous les rend plus cheres. Et cela fait que le Commerce des marchandiſes eſtrangeres eſt touſjours le meilleur & de plus grand profit, & qu'on s'y adonne dauantage. Deuant que les Portugais & Castillans eussent trouué le passage dans les Indes par la Mer du Sud, & que les Anglois & Holandois eussent suiuy leur route, les Marsillois reçeuoient toutes les Espiceries, drogues & marchandises des Indes Orientales par l'Egypte, dans les havres d'Orient, & les debitoient anx François, Anglois & Holandois, auec vn tres notables profit. Et à present il en va tout au contraire : Car non seulement les Marsillois, ny les autres François ne distribüent plus les espiceries, & les autres denrées des Indes aux autres nations : mais eux-mesmes (pouuant mieux s'en passer qu'aucune autre nation à cause du Sel qu'ils ont en abondance, & qui peut supléer à toutes les Espiceries) par vne delicatesse excessiue, les acheptent fort cherement des autres qui en font leur principal Negoce.

Il ny a pas cinquante ans que les Anglois & les Holandois n'auoient aucun trafic ny en Turquie, ny en Barbarie. Ils hantoient vn peu à Hambourb & à Stade : mais ils n'alloient ny en Pologne, ny en Norvége, ny en Suede, ny en Moscouie. Les Marsillois y guiderent & piloterent leurs premiers Nauires. Et à present nos Disciples sont venus nos maistres, ils y ont tousjours continué & augmenté leurs voyages & leur trafic, & soit par nostre negligence, soit par les mauuais traittemens qu'on a fait aux François, ils ny ont que fort peu de Commerce.

Nos Marchands Maloüins, & Diepois, ont quelque temps entretenu la France de la Guinée, & auoient penetré jusques au Royaume de Congo, ou au Cap de bonne esperance, Socotoza, & aux emboucheures de la Mer rouge : mais nos voisins plus forts en Vaisseaux & en moyens, nous ostent tous les jours le trafic de la riuiere de Senega, & de toute la coste de Guinée : ils y ont en fin pris tel pied qu'il ne nous y reste plus de Commerce dans l'Afrique, sinon vn peu dans la Barbarie, d'où pourtant on ne raporte autre marchandise que des Maroquins, & quelques autres Pelleteries qu'on apporte assez d'ailleurs en France.

Pour l'Amerique, les François ont fait de tres-belles découvertures dans le Brezil, dans le Mexico, & les Isles de son détroit, dans la Floride & Virginie, comme nous dirons cy-apres, où ils eussent fait de tres-grands profits & progrés, si ils eussent eu la force, les moyens & la constance pour bien conseruer & entre-

tenir leurs conqueſtes : mais à preſent nos Vaiſſeaux ne paroiſſent
en ce Païs-là que rarement & par aduanture, y riſquant ordinairement beaucoup , & en raportant fort peu de profit. Les François hantent vn peu aux Iſles des Caribes, ſpecialement à la Mar-
tinique , à la Guardeloupe , & le plus ordinairement dans l'Iſle
Saint Chriſtofle, où les Anglois occupent autant de Païs , & font
autant de Commerce que les François ; Mais comme les vns &
les autres ne tirent meſme que du Tabac de ces Iſles-là, j'aurois
honte de cotter cela pour vn des Commerces de la France. Car
quoy qu'on en tire quelque profit , il n'eſt pas aſſez conſiderable
pour deuoir eſtre mis au nombre des bons Commerces qu'on
exerce ſur la Mer.

Il ſembloit que le Canada fuſt acquis en propre aux François,
par le droict de découuerture qu'ils en ont fait ſous la conduite
de Iacques Cartier, braue & excellent Pilote de Sainct Malo , &
par l'impoſition du nom de la Nouuelle France , qu'il porte encore : mais déſja les Anglois ont occupé vne bonne partie de
cette coſte, & les Hollandois commencent à chercher les moyẽs
d'y eſtablir leur Commerce ; en ſorte que bien-toſt les Eſtrangers y auront autant d'accéz & de liberté que les François. Tellement que de tous les bons & grands Commerces de Mer dans
les Païs eſtrangers , il n'en reſte preſque qu'vn où les François
s'employent à preſent , & d'où ils tirent quelque profit, qui eſt
la peſche des Moruës , Harans , Sardines , & vn peu de Baleines:
Encore ces deux derniers ſont déſja preſque tous vſurpez ſur
nous par les Holandois ; mais pour le premier il eſt encor entre
nos mains. C'eſt luy ſeul par lequel nos hommes & nos Vaiſſeaux
ſont employez ; ce Negoce donne employ tous les ans à plus de
vingt mille François , Officiers , Pilotes , Mariniers , & ouuriers.
Les Pilotes & Matelots y font pour la pluſpart l'aprentiſſage de
la Marine : & apres auoir eſté deux ou trois fois aux Terres Neu-
ves , ils entreprennent auec aſſez de ſcience & d'experience les
autres voyages de long-cours. Le debit au reſte s'en fait meſ-huy
dans toute l'Europe auec grande facilité, à cauſe que tout le peuple Catholique faiſant abſtinence de viande le Vendredy & Sa-
medy, ſa principale nourriture eſt de ce poiſſon, & nos Marchans
y font vn aſſez honneſte profit. Les Prouinces où ſe font les flottes vendent fort bien leurs bleds, poix, feves , vins , cidres , eauës

de vie, lards, fruicts, toiles, linges, chanvres, cordages, & autres choses necessaires aux équipemens de Nauire.

Pour la pesche de Haran, elle nous appartient de droict, tant parce que les François l'ont premierement commencée, que parce qu'elle se fait principalement entre Calais, Douvre & Ostende, & dans la coste de Normandie vers Diepe, Fecant, Saint Valery, Treport & autres; mais depuis quarante ans nos voisins la tirent peu à peu de nos mains: & comme elle diminuë tous les jours, grand nombre de nos hommes de mer sont maintenant reduits à ne rien faire; nostre negociation se perd, & nos voisins s'y attachent de plus en plus, & ils y sont de tres-notables profits.

On sçait aussi que la premiere entreprise de la pesche des Baleines dans les costes de Noruége & de Suede, a esté faite par les Marchands de Bayonne en France; mais les Anglois & Holandois qui fleurent de tous costez, & découurent l'odeur du profit, ayans apperçeu le bon succéz que nos Basques y auoient, ont aussi entrepris cette pesche qui est de grand fruict à present, à cause de l'huile qu'on en tire, & dont on se sert pour la façon des Draps, pour l'aprest des Cuirs, pour brûler, & en plusieurs autres choses. Ces derniers venus s'estant rendus Maistres des costes de Norvége par le traitté qu'ils ont fait, y suplantent peu à peu les François: & empeschans qu'ils ne descendent à terre pour tirer leurs huiles, les obligent de les faire dans leurs Vaisseaux auec grande peine, extrême incommodité, & peril éuident de brûler leurs Vaisseaux; de sorte que nos François n'y font désja que fort peu de Commerce & de profit. Voila donc où se reduit tout le Commerce que fait la France dans les voyages d'aüenture & de long-cours: ce qui doit nous faire passer plustost pour pauures Pescheurs, que non pas pour de bons Marchands. Mais ce qui est encore de plus honteux & fort dommageable à la France, c'est que nos Marchands François sont reduits dans vne telle impuissance, que n'ayans pas des Vaisseaux suffisans, ny en nombre ny en qualité pour les voitures & transports des fruicts & denrées de la France dans les Royaumes & Prouinces voisines, ils sont contraints de fretter les Vaisseaux estrangers pour faire des voyages d'Espagne & d'Angleterre; voire mesme pour transporter les marchandises d'vne Prouince de France en l'autre.

Ce sont les Estrangers qui font les entreprises du transport de noftre Sel, qui est la plus grosse voiture que nous ayons. Et on fçait que quelques années, les Holandois seuls ont emporté plus de deux cens mille liures de fret, pour le transport du Sel de Bretagne & de Guyenne en Normandie & Picardie , & ainsi les Vaisseaux & les hommes estrangers estans employez à faire nos voitures, ils tirent la moitié du profit que les François devroient faire.

Ce qui se fait donc de commerce ordinaire dans les Royaumes & Prouinces voisines par les François, consiste sommairement en deux chefs; Le premier, c'est le Commerce de Marseille, Thoulon, Arles, & la Ciutat, qui trafiquent en Italie, & dans le Leuant, de Soyries, Draps d'or, Tapis de Turquie, Cottons, & de quelques drogues de Medecine & de Peinture, en dentelles, & en glaces de Venise. Mais ce Commerce est beaucoup plus prejudiciable qu'vtile à la France.

Le second, c'est le trafic d'Espagne, de Portugal, & de l'Angleterre où nous enuoyons des toiles,& des bleds des côtes de Bretagne; de la Normandie & de Guyéne, de la mercerie & quinquaillerie, & y employons si peu que nous auons de Vaisseaux : mais au reste auec tant de perils sur la Mer, & tant de mauuais traittemens des Espagnols, que l'on n'y profite que par hazard. Tellement que nous pouuons bien dire , que nous n'auons presque point de bon & vtile Commerce entre nos mains , & que nous sommes de pauures miserables Pilotes , indignes du nom de bons Marchands , à l'égard des autres Nations , dont nous allons voir les grandes & vtiles pratiques du Commerce.

CALCVL EXACT DE TOVT LE GRAND

Negoce, et du profit que font les Estrangers en France au prejudice des François.

CHAPITRE IIII. de la premiere Partie.

IL est des raisonnemens Politiques comme des démonstrations Mathematiques. Celles-cy rendent la verité de

leur fujet fenfiblement éuidente, par la defcription des points,
des lignes, des angles, triangles, & autres figures circulaires
ou poligones, qu'elles reprefentent à nos yeux ; & les autres
rendent leurs verités d'autant plus certaines, qu'elles font fondées dans l'experience & dans l'induction plus generale des
exemples & circonftances particulieres de leur fujet. Pour
faire donc voir encore plus éuidemment comme quoy les
Eftrangers ont tout le Negoce de la France entre les mains,
& en tirent tout le profit, je raporte icy vn dénombrement
affez précis des marchandifes dont les Eftrangers trafiquent en
France, & vn calcul affez exact du profit qu'ils en tirent à
noftre prejudice, à ce que non feulement l'efprit par fpecula-
tion ; mais encor par vne demonftration fenfible conçoiue vne
fois le prodigieux dommage que reçoiuent les François.

Piece d'autant plus confiderable qu'elle a efté dreffée fur les
memoires curieufement recherchez des Villes principalles de la
France, où on exerce le Commerce de mer ; Et ces memoires
font tirez des Bureaux de châque Ville, de la valeur de cinq années en faifant vne Commune : le tout foigneufement examiné
par perfonnes finceres & veritables, qui ont la theorie & la pratique du Commerce. On y verra diftinctement ce que châque
Nation eftrangere apporte dans nos Havres, & ce qu'elle en-
leue châque année de la France, auec les fommes du prix & du
profit qu'elle en tire, & par le raport que l'on fera de noftre Negoce auec celuy des autres Nations, j'eftime que tout bon François aura enfemble la honte & la douleur de nous voir fi inferieurs aux Eftrangers, fi inégaux en actions & en profit : & con-
noiftra en fin que les Eftrangers gaignent en France châque année plus de millions de liures, que toute la France ne rapportoit
de reuenu au Roy, il n'y a pas cent ans. Mais de peur que quel-
qu'vn n'interprete finiftrement mon intention dans cette déduction du Negoce des Eftrangers, & ne croye que ie veuille
faire paffer pour crime le foin qu'ils prennent de nous fournir
diuerfes fortes de marchandifes, je declare que ie ne pretens aucunement blâmer les traittés & intelligences de Commerce que
les Eftrangers ont en France, ny me plaindre de leur actiuité à
en tirer le profit qu'ils peuuent : car ie fçay qu'il dépend de l'in-
duftrie d'vn chacun de faire le Commerce à fon auantage, fe te-

nant dans l'équité, & fidelité requise, & laiſſant les autres libres d'y agir pareillement à leur profit ſelon l'eſtenduë de leur eſprit. Et ainſi comme les François ont veu & ſouffert juſques à preſent les pratiques du Commerce des Eſtrangers dans leur Païs, on ne peut abſoluëment blâmer leur procedé. Mais j'ay jugé à propos de faire ce calcul, & le mettre ſous les yeux des François, pour leur faire voir éuidemment & diſtinctement juſques à quel point le Negoce des Eſtrangers eſt amplifié, & le noſtre diminué par la non-chalance de nos Marchands.

Ie commence cette induction par les Holandois, comme les plus grands Maiſtres de la Mer & du Negoce de ce temps. Ils apportent tous les ans en France en poivre, girofle, muſcade, fleur de muſcade, gingembre, canelle, anis, ris, & autre drogue de cette eſpece, pour la valeur de trois millions cent nonante & trois mille cent trente liures.   - - - 3193130. l.

En Sucres tant rafinés, qu'autres, blanc, candis gris, & autres fruits confis des Païs eſtrangers, pour la ſomme d'vn million huit cens quatre-vingts cinq mille cent cinquante liures.   1885150l.

En drogues medecinales & aromatiques de toutes ſortes, & autres drogues de peinture, pour enuiron la ſomme de huit cens quarante-deux mille quatre-vingts liures.   - - - 842080. l.

En Pierreries de toutes ſortes, perles, & ſemences de perles, cottons, plumes fines, laines, caſtors, ébaine, yvoire, pour enuiron vn million huict cens trente-cinq mille deux cens liures.   - - - - 1835200. l.

En teintures comme Indigo, bois de Breſil, briſilet, bois de Fernambourg, camphe, garence, noix de galles, gommes, alun, couperoze, vitriol & autres, pour enuiron vn million trente-cinq mille deux cens vingt liures.   - - - 1035220. l.

En draps, boucaſſins, futaines, ſerges, camelots, toiles de Holande, toile de baptiſte, treillis, dentelles de Holande, tapiſſeries, tableaux, liures, & autres manufactures, pour enuiron la ſomme de ſix millions huit cens quatre-vingts neuf mille neuf cens ſoixante liures.   - - - 6889960. l.

En cuïure de Suede, cuïure en feuille, eſteims, & ploms de Pologne, poilleries, chaudieres à faire eauë de vie, & autres, fil à eſpingles, fil de laton de Suede, fil d'archapts, fil de fer, fer blanc, fer en verge, barres d'acier, & vif-argent, pour enuiron vn millon cinq cens mille liures.   --- 1500000. l.

En canons de bronze, & de fer, perriers, foulfre, falpeftre, poudre à canon, mefches, moufquets, piftolets, efpées, habits de gens-d'armes, picques, hallebardes, faux, & autres ouurages de fer & d'acier, pour enuiron vn million deux cens trente-cinq mille liures.   --- 1235000. l.

En cuirs, marroquins, vaches de Ruffie, fourrures de toutes fortes, pour enuiron fix cens foixante & quinze mille trois cens liures.   --- 675300. l.

En lins, graine de lins, chanures, rouzines, cire, poix, goude-ron, breil gras, mats de nauire, planche de fap de Norvége, & autres bois, en poutres, foliueaux, pour enuiron vn million fept cens mille cent foixante & dix liures.   --- 1700170. l.

En harans, gabillaux, faumons falés, Balaine, huille de Ba-leine, & autres huilles tant de poiffon, que de lin, & autres, pour enuiron quatre çens cinquante-quatre mille trois cens liures.   --- 454300. l.

En beure, fromage, chandelle & fuif, pour enuiron deux cens mille dix liures.   --- 200010. l.

La valeur de toutes les fufdites fortes de marchandifes qui ont cours en France qui nous font fournies par les Holandois felon le prix & les fommes cy-deuant additionnées enfemble, fe montent generallement à la fomme de vingt & vn million quatre cens quarante-cinq mille cinq cens vingt liures.   --- 21445520. l.

Or ce qu'il faut en cecy foigneufement remarquer eft, que fur ladite fomme de vingt & vn million quatre cens quarante-cinq mille cinq cens vingt liures, qui eft la valeur des marchandifes cy-deuant mentionnées, ils gaignent notablement & en diuerfes manieres à noftre prejudice.

Premierement, les Holandois n'ayans rien dans leur Païs ex-cepté le beure, le fromage & le fuif, ils vont querir toutes les autres fufdites marchandifes dans les Païs eftrangers, à condition & auec obligation que leurs vaiffeaux iront ordinairement abor-der dans les ports & havres de leur Païs, auant que d'en faire au-cun debit, & de les tranfporter ailleurs, & ils payent cinq pour cent d'entrée, & quatre pour cent de fortie, qui eft desja vn profit notable qu'ils en tirent pour leur Païs. Car fur la fomme de vingt & vn million quatre cens quarante-cinq mille cinq cens vingt liures feulement, le profit d'entrée & de fortie reuient à neuf pour cent, à la fomme d'vn million neuf cens trente mille nonante & fix liures feize fols.   --- 1930096.l.16.f.

Secondement, parce que ces marchandifes appartiennent pour la plufpart à des Compagnies reglées, qui revendent ces marchandifes à des Marchands particuliers de leur nation, les achepteurs gaignent au moins dix pour cent, dont la marchandife eft encherie, qu'on reprend fur la reuente qu'ils en font en France. Ce profit fur la fomme de vingt-vn million quatre cens quarante-cinq mille cinq cens vingt liures, reuient à deux millions cent quarante-quatre mille cinq cens cinquante-deux liures.   --- 2144552 l.

En troifiéme lieu, ces Compagnies où ces Marchands particuliers envoyent ces marchandifes à des facteurs de leur nation, qu'ils ont dans toutes les meilleures Villes & havres de France, & leur donnent deux pour cent de profit, qui reuient fur la fomme de vingt & vn million, à la valeur de quatre cens vingt & huit mille neuf cens dix liures.   --- 428910. l.

Adjoûtés maintenant les frais du fret des vaiffeaux & des mariniers, les prix des affeurances que l'on prend ordinairement, & tant d'autres faux-fraiz que l'on fait. Et quand il n'y auroit en cela que dix pour cent, la fomme fe monteroit à deux millions cent quarante-quatre mille cinq cens cinquante-deux liures.   --- 2144552. l.

Et toutes ces fommes particulieres des profits que font les Holandois fur les marchandifes qu'ils apportent en France, aditionnées enfemble, fe montent à la fomme de fix millions fix cens quarante-huit mille cent dix liures feize fols.   6648110. l. 16. f.

Tout cela eftant bien confideré, on verra que nous achetrons en France toutes les fufdites marchandifes de la moitié plus cher que fi nous les allions querir nous-mefmes dans nos propres Vaiffeaux. Mais il faut encore confiderer le profit qu'ils font fur les marchandifes qu'ils enleuent de France, d'où ils tirent prefque toute leur fubfiftance. Les François n'ayans que fort peu de Vaiffeaux pour porter leurs marchandifes, & les Holandois venans continüellement & en grandes flottes en France, ils acheptent nos marchandifes pour leurs retours, & ont le profit du fret auffi bien que de l'achapt qu'ils en font eux-mefmes fur les lieux. On trouue donc premierement,qu'ils enleuent tous les ans de la France en toute forte de vins, vins de Torfan, vins de Bourdeaux, de la Rochelle, de Cognac, de Charente, de Ré, d'Orleans, Blois, Anjou,& Nantes, eauës de vie & vinaigres de tous ces lieux-là, & encore quelques vins qu'ils tirent par la riuiere de Seine, pour la valeur de fix millions cent quatre-vingts douze mille fix cens trente-deux liures.   -- 6192632. l.

En bleds, froment, feigles, orges, bleds noirs, pois, féves, noix, châtaignes, des coftes de Guyenne, Bretagne, & Normandie, pour la fomme de trois millions quatre cens cinquante mille quatre cens cinquante liures.   -- 3450450. l.

En fel de la Rochelle, de Broüage, Aulonne, l'Ifle de Ré, Marenne,& païs Nantois,pour deux millions quatre cens quatre vingts huit mille fept cens cinquante liures.   -- 2488750. l.

En toiles & linges des Ports de Bretagne, Normandie, & Guyenne, pour enuiron vn million cinq cens quatre-vingts trois mille quatre cens trente-deux liures.   --- 1583432. l.

A Marfeille, Arles, Tollon, la Ciutat, & autres lieux de Provence,en huiles d'oliue, oliues, capres, amandes, raifins, figues, prunes,& autres fortes de fruicts cruz & cuits, pour enuiron fept cens quinze mille cent feptante-fept liures.   -- 715177. l.

En diuerfes fortes de Draperies, Merceries, Quinquailleries, Papiers, verre de Vitrier, fil à coudre, de diuers endroits de la France, mais principalement de Roüen, pour enuiron neuf cens quinze mille cinq cens vingt-cinq liures.   -- 915525. l.

En paftel, faffran, fruicts cuits de la Guyenne, miel, terebentine, cire, & autres qui fe trouuent dans la France, pour enuiron la fomme de trois cens cinquante-cinq mille cinq cens liures.   ---- 355500. l.

Toutes les Marchandifes cy-deffus mentionnées que les Holandois enleuent annuellement du Royaume de France, fuiuant les fupputations qui en ont efté faites, fe montent generalement à la fomme de feize millions fept cens vn mil quatre cens foixante & fix liures.   --- 16701466. l.

Or puifque les marchandifes que les Holandois amenent en France, fe montent à la fomme de vingt-vn million quatre cens quarante cinq mille cinq cens vingt liures ; & les marchandifes qu'ils enleuent de la France fe montent à feize millions fept cens

B ij

vn mil quatre cens soixante-six liures, il appert que les marchandises qu'ils amenent en France, excedent en valeur les marchandises qu'ils y acheptent de la somme de quatre millions sept cens
quarante-quatre mil cinquante-quatre liures.　--4744054.l.

De ladite somme de quatre millions sept cens quarante-quatre
mil cinquante-quatre liures qui leur reste en espece de Mon-
noyes, ils tirent de nouueaux & de tres-grands profits en France;
car ils employent tous les ans enuiron deux millions cinq cens
mil liures pour faire les changes à seize pour cent, qui se monte
de profit quatre cens mille liures.　--400000.l.

Vn million cinq cens mille liures pour donner à la grosse ad-
vanture, à vingt-cinq pour cent, & le profit se monte à trois
cens septante mille liures.　--370000.l.

Pour la commission de leurs Facteurs, de seize millions sept
cens vn mil quatre cens soixante-six liures des marchandises qu'ils
enleuent à deux pour cent, se monte à la somme de trois cens
trente-quatre mil vingt-neuf liures six sols.　--334029.l.6.s.

Les susdits profits tant en changes, grosses aduantures, que
commissions de leurs Facteurs, se montent en tout à vn million
cent neuf mil vingt-neuf liures six sols.　--1109029.l.6.s.

En adjoûtant les profits cy-deuant mentionnez sur les marchandises qu'ils apportent en France, qui se montent six millions
six cens quarante-huit mille cent dix liures.　--6648110.l.

Tous lesdits profits, tant pour les marchandises qu'ils apportent que celles qu'ils enleuent, se montent generallement à la
somme de sept millions sept cens cinquante-sept mille cent quarante liures deux sols.　--7757140.l.2.s.

Le reste ils le remettent en leur Païs dans les meilleures espe-
ces qu'ils enleuent de la France.

L'excez & l'estat de ce Commerce semblera peut-estre incroyable à quelques-vns: mais outre que les experts qui pren-
dront la peine de s'en informer, & de r'apeller à leur memoire
ce qu'ils en sçauent, en connoistront facilement la verité; il ne
faut que lire seulement ce que les Flamans ont escrit des marchandises qu'on a porté de France dans leur Païs, & qu'on apportoit tous les ans de la ville d'Anvers en France, tandis que le
Commerce y a esté libre; & à present l'estat du Commerce de
la seule ville d'Amstredam, en France: on y voit vn nombre &

vne somme d'argent de ce Commerce presque incroyable. Et
dans la France, il ne faut que l'induction du Commerce que font
les Holandois à Roüen en Normandie, à Saint Malo, & à Nantes en Bretagne, à la Rochelle, & Bourdeaux, dont nous rap-
porterons cy-après vn petit extraict : Et de là on connoistra qu'au
lieu d'enfler & d'augmenter le nombre & le prix des marchandises sus-mentionnées, on les a suputées à moins qu'elles ne se
montent, & ce moins est pourtant assez suffisant pour faire con-
noistre aux François l'excéz du dommage & de la perte qu'ils
reçoiuent en ce Negoce. Mais passons aux autres Nations, &
voyons plus succinctement l'estat de leur trafic en France.

Les Anglois, Escossois & Irlandois, ameinent tous les ans
en France, dans les Villes & Ports maritimes, les Marchandises
qui s'ensuiuent. Draps de laine, carizés, frizes, mantes & cou-
vertures, Bas de soye, bas de filozelle, bas d'estame, Toilles de
soye, Rubans d'Angleterre de toutes sortes, cuirs, plomb, estain,
alun, couperoze, beure, suif, froumage, morues, harans, sardines, saumons, Charbon de terre, & autres sortes de marchandises, dont la valeur suiuant la supputation qui en a esté faite, se
monte à la somme de quinze millions trois cent septante-deux
mille liures.   15371000. l.

Ils enleuent pareillement de la France tous les ans, les Marchandises qui s'ensuiuent ; Sçauoir, bleds de toutes sortes : Vins
de Bourdeaux, de Cognac, de Charente, de la Rochelle, de Ré,
de la Riuiere de Nantes, & mesme quelque peu de la Riuiere
de Seine, Eaux de vie, Vinaigre, sels, huilles d'oliues & de noix,
oliues, capres, figues, amandes, raisins, prunes, & autres fruits
cruz & cuits, rouzines, toilles de plusieurs sortes, taffetas de
Tours, armoisins, tabis, pannes, papiers, merceries, pastels,
liege, breil, plumes, & autres marchandises : la valeur desquelles
selon la supputation qui en a esté faite, se monte à la somme de
douze millions neuf cens quatre mille cent liures.   12904100. l.

Or comme il apert que les Marchandises qu'ils ameinent en
France, se montent plus de deux millions quatre cens soixante-
sept mille neuf cens liures, que les marchandises qu'ils enleuent;
de cette somme ils tirent encores d'autres profits, en employant
vn million six cens mille liures, pour faire le change à vingt
pour cent, dont le profit se monte à trois cens vingt mille

liures.   --- 320000. l.

Ils employent dans les groffes aduantures , fept cens mille liures tournois à vingt-cinq pour cent, & le profit fe monte à cent feptante-cinq mille liures.   --- 175000. l.

Pour la commiffion des Marchandifes qu'ils amenent , que ceux de leur nation retirent ordinairement , la fomme de trois cens quatre-vingts quatre mille trois cens liures.   --- 384300. l.

Pour la commiffion des marchandifes qu'ils enleuent à deux pour cent de ladite fomme de douze millions neuf cens quatre mille cent liures, la fomme de trois cens vingt-deux mille fix cens deux liures dix fols.   --- 322602. l. 10. f.

Toutes lefquelles fommes aditionnées fe montent à vn million deux cens vn mil neuf cens deux liures dix fols.   - 1201902.l.10.f.

Pour les profits que les fufdits Anglois, Efcoffois, & Irlandois font en France , tant pour les changes , groffes avèntures, que commiffions ; fans compter plufieurs grands profits qu'ils font fur lefdites marchandifes.

Les Portugais amenent en France les marchandifes qui enfui-uent , fçauoir, draperies , laines , cottons, caftonnades, fucres, poiure, canelle , gingembre , anis , raifins , figues , efcorces de citron, & autres fruits confits, huilles, oliues, cochenilles, indigo, bois de camphe , Ioüailleries , drogues medecinalles, & autres de plufieurs fortes , pour enuiron quatre millions neuf cens vingt-deux mil cinq cens liures.   --- 4922500. l.

Ils enleuent tous les ans de la France en bleds, froment, feigles, orges , legumes , farges , fels, toiles, papiers, cártes , merceries, quinquailleries, fils , rubans , cuirs, & autres marchandifes pour enuiron cinq millions huict cens cinquante - vn mil neuf cens cinquante liures.   --- 5851950. l.

Pour la commiffion des marchandifes qu'ils amenent en France à deux pour cent, la fomme de nonante huit mil quatre cens cinquante liures.   --- 98450. l.

Pour la commiffion des marchandifes qu'ils enleuent ; cent dix-fept mil trente-neuf liures.   --- 117039. l.

Les fufdités fommes additionnées fe montent à deux cens quinze mille quatre cens quatre-vingts neuf liures.   - 215489. l.

Qui eft la fomme des profits que les fufdits Portugais font fur les commiffions de leur Negoce de France; fans y comprendre les profits qu'ils font tant sur les marchandises qu'ils amenent que sur celles qu'ils enleuent de la France.

Les Italiens amenent en France velours, satins, damas, gros de Naples, armoisins, tabis, bas de soye, bas de filozelle, draps d'or, draps d'argent, soye de Messine, crespes, tapis, joüailleries, points de Gênes, & autres diuerses sortes de dentelles, glaces de Venize & cristaux, pour enuiron quatre millions cent vingt quatre mille cinq cens liures, suiuant la supputation qui en a esté faite. --- 4124500. l.

Ils enleuent de la France bleds, vins de Languedoc & de Prouence, draperie de Languedoc, toiles de plusieurs sortes, merceries & autres marchandises, pour enuiron la somme de trois millions vingt mille liures. --- 3020000. l.

Pour les commissions tant des marchandises qu'ils ameinent que de celles qu'ils enleuent de la France, ils tirent cent quarante deux mille huit cens quatre-vingt dix liures. --- 142890. l.

Sans comprendre les profits qu'ils font sur les marchandises qu'ils vendent & acheptent en France.

Pour la somme d'vn million cent quatre mille cinq cens liures, que se montent de plus les marchandises qu'ils ameinent, que celles qu'ils enleuent, ils l'emploient en change auec d'autres plus grandes sommes tant dans les Villes de Paris, Lyon, Marseille, qu'en autres villes de la France, dont ils tirent de tres-grands profits.

Adjoûtant maintenant tous les profits que les Holandois, Anglois, Escossois, Irlandois, Portugais & Italiens, font tous les ans en France, l'vne année portant l'autre, se montent generallement à la somme de neuf millions trois cens dix-sept mille quatre cens vingt & vne liure douze sols. --- 9317421. l. 12. s.

Ie ne doute point que cette induction ne surprennent & n'estonné la plus part de nos François, qui viuans dans vn Royaume où il y a suffisance de toutes choses necessaires à la vie, n'apperçoiuent pas si facilement le precipice où nous roulons insensiblement, & la soustraction que l'on fait tous les jours de nos facultez. Tous neantmoins apperçoiuent assés les frequentes sincopes & deffaillances qui arriuent trop souuent dans le corps de l'estat par l'effusion des esprits vitaux, j'entens la soustraction de l'or & de l'argent qui luy donnent l'action & la vigueur. Mais comme

cy-deuant le trafic estant bien reglé, il nous estoit venu beaucoup
d'argent, & la necessité de nos voisins les obligent d'en faire tousjours refluër chez nous quelque petite quantité, qui nous sert
comme de restaurant, c'est ce qui fait que nous ne perissons pas
tout à coup, mais nous demeurons dans vne langueur & dans des
incommodités qui rendent l'estat de nostre vie assés fascheux &
ennuyeux en France.

LA DIFFERENCE DES TRAITEMENS QVE
*les Estrangers reçoiuent en France, d'auec ceux que les
François reçoiuent des Estrangers en leurs Pays
dans le Commerce.*

CHAPITRE VIII. de la premiere Partie.

ONTINVANT de rechercher & de produire les
causes principales de la ruïne du Commerce des
François, je continuë aussi de suiure les lumieres,
que le genie de la France nous donne en ce sujet, &
particulierement dans l'article quatre cens vingt-
huictiéme des Ordonnances generales, où apres auoir exposé
que les François sont reduits dans vn asseruissement insuportable
par les Estrangers au faict du Negoce, il adjouste que c'est principallement en ce que les Estrangers apportent en nostre Royaume, & emportent d'iceluy toutes les marchandises qu'il leur
plaist sans nous en payer aucuns droits, & exigeant sur nos subjets, tant sur les marchandises qu'ils portent vendre en leur Païs,
que sur celles qu'ils y acheptent, de grandes impositions contre
la raison.

Ie pretens donc expliquer plus amplement ce qui est icy tou-
ché assez brieuement des rigueurs, vexations & mauuais traittemens que les François reçoiuent chez les Estrangers, ne jouïssans
pas des mesmes droits, libertez & immunitez chez eux, dont ils
jouïssent chez nous. D'où on verra encore plus clairement comme quoy tous les moyens de profiter dans le Commerce sont à
present ostez aux François, & que les Estrangers leur font obstacle

de

de toutes parts. Et pour faire connoiſtre à vn chacun que ie parle
toûſjours auec verité & ſincerité, principalement en ce qui regarde le faict des Eſtrangers contre nous : je ne me veux ſeruir en
ce chapitre que de ce que le ſieur de Montchretien a cy-deuant
eſcrit des mauuais traittemens que nous font les Eſtrangers dans
le Commerce, à l'égard des bons traittemens qu'ils reçoiuent en
France, à ce que comme la verité ſubſiſte dans la bouche de deux
ou trois perſonnes, joignant noſtre ſcience particuliere auec la
connoiſſance que cét autheur en a eu, & qui eſt commune &
éuidente à tous ceux qui frequentent chez les autres nations, on
ne doute aucunement de ce que nous en eſcriuons icy.

Commançant donc par les Anglois, il faut premierement
remarquer que les principales marchandiſes qu'on tranſporte
d'Angleterre en France, ſont laines, drapperies, plomb, eſtain,
bas d'eſtames, rubans &c. Pour les laines, il n'eſt permis aux
François d'en enleuer, afin que le profit de cét employ & de la
manufacture demeure dans l'Angleterre : & neantmoins les Anglois ont liberté d'en tranſporter où il leur plaiſt. Il n'eſt permis
aux François de tranſporter en Angleterre aucune drapperie, à
peine de confiſcation : les Anglois au contraire apportent librement en France toutes telles drapperies qu'il leur plaiſt, & il en
vient ſi grande quantité, que nos ouuriers ſont maintenant contraints de quitter leurs meſtiers pour faire autre choſe. En Irlande
on impoſe aux François ſur la draperie qu'ils enleuent trois quarts
dauantage que ſur celle que les Anglois enleuent : de ſorte que de
ce que les Anglois payent vingt-deux ſols ſix deniers, nous en
payons quatre liures dix ſols. Mais ce qui eſt bien plus eſtrange,
c'eſt qu'il y a defence à l'Eſtranger (où le François eſt principalement compris comme plus proche & principal voiſin) d'enleuer
aucunes laines ny aucunes peaux de mouton toutes vertes, ſur
peine d'auoir le poing couppé : Peut-on vſer de plus grande
rigueur enuers des ennemis.

Quant à l'eſtain, cy-deuant il nous eſtoit permis d'en enleuer
payant le double pour le droit de ſortie, de ce que les Anglois
payent : maintenant il ne nous eſt plus permis d'en tranſporter,
mais aux Anglois ſeulement, voire à vne ſeule compagnie qui a
priuilége pour cela. Ainſi l'eſtain paſſant neceſſairement par leurs
mains, pour venir aux noſtres, il eſt en peu de temps monté du

C

prix de huit fols la liure, jufques à vingt fols. Pour les bas d'eftames, nous n'en foulions payer qu'vn quart plus que les Anglois ; maintenant on en prend le double : & generalement pour toutes les marchandifes qui ce portent de France en Angleterre, ou qui s'en rapportent en France, on à tousjours exigé de nous vn quart dauantage que des autres, pour le droit qu'ils appellent Couftume de l'eftranger. Mais outre cela le Roy d'Angleterre depuis fon aduenement à la Couronne a octroyé à vn Seigneur particulier de hauffer les droits d'entrée & de fortie d'vne quatriéme partie fur la marchandife appartenant aux François, & les ayans de nouueau tous reduits à la moitié, on les continuë tousjours fur nous, & on nous fait payer le double de tout.

Mais voicy bien pis, & ce qui ouuertement ruine noftre Commerce, à Londres où on fçait que prefque tout le trafic d'Angleterre fe fait, il y a vne feule Compagnie de marchands pour faire le Commerce en France exclufiuement à tous autres. De maniere que venant à paffer par les mains de ce peu d'affociés, ils nous vendent par deçà leurs denrées à tel prix qui leur plaift, & n'acheptent les noftres qu'à leur volonté. Car ceux qui ont à vendre font obligés par neceffité de traitter auec eux feulement. De plus cette Compagnie leue à fon feul & fingulier profit vn certain impoft fur toutes les marchandifes qui s'apportent en France, dequoy ils forment vn fond pour maintenir leurs priuileges, & faire les affaires communes de la Compagnie D'auantage ils ont vne forme d'impoft, qu'ils appellent *Scavadge*, pour la marchandife entrante & fortante par mer, qu'ils ne font payer qu'à nous. Ils font le femblable d'vn autre nommé *Caiade*, comme auffi de celuy du furvoyeur dont l'Anglois eft du tout exempt.

Il y a plus, le Roy d'Angleterre accorde de jour en jour à plufieurs partifans, exclufiuement à tous autres, des licences particulieres pour le tranfport de diuerfes marchandifes : & le Commerce ne leur eft point reftreint par deça, ny à l'aller ny au venir. Les François y font empefchés de vendre en chambre, ce qu'au contraire ils font journellement en France. Les François n'ont permiffion d'y vendre au forain, n'y d'achepter de luy, mais du *Fridmon*, c'eft à dire du Franc-bourgeois : & en France ils acheptent & vendent comme ils veulent, & à qui ils veulent. Quand

les François portent de la marchandiſe en Angleterre, ils ſont
contraints de bailler caution d'en employer l'argent qu'ils en
reçoiuent en d'autres marchandiſes pour porter hors. Et le cas
arriuant, comme ſouuent il arriue, que noſtre Marchand par
procés ou banqueroute, ne peut achepter de la marchandiſe, &
trouue plus de profit de remettre ſon argent en France par change; il y a toutes les peines du monde, ne pouuant faire deſcharger
ſes cautions : où l'Anglois en cas pareil n'a en France que la
volonté pour loy.

Les François en Angleterre ſont contraints de ſe ſeruir des
Pacqueurs & Emballeurs qui leur ſont ordonnez par les Rece-
ueurs & Fermiers des Couſtumes, de ſorte que leurs affaires qui
ne doiuent eſtre connuës que par le Fermier ſeul pour en receuoir
les droits, viennent à eſtre divulguées à leur prejudice, outre que
ce leur eſt vne grande ſeruitude ; ou au contraire en France ils y
employent ceux qu'ils veulent, & font tout leur negoce ſi ſe-
crettement qu'ils veulent.

Vne des choſes la plus neceſſaire au Commerce, & qui merite
eſtre le plus eſgalement adminiſtrée, c'eſt le poids : & neantmoins
ſi en Angleterre le François achepte, il faut qu'il prenne au poids
domeſtique du vendeur ; ſi au contraire il vend, il eſt contraint
de liurer au poids public du Roy. En quoy d'vn coſté il y a vne
grande ineſgalité, & de l'autre il s'y commet de grandes fraudes
à noſtre prejudice. Cela eſt bien mieux reglé en France, car par
toutes les Villes Royalles il y a le poids du Roy qui eſt commun à
l'Eſtranger, & à l'habitant.

Si quelque Anglois fait apporter en ſon Pays quelque marchandiſe, s'il ne la vend dans l'an & jour, il luy eſt permis de la
tranſporter hors, par certificat ſans payer aucun droit de ſortie:
mais les François n'y ont pas ce priuilege, combien qu'en France
il ſoit permis aux Anglois de tranſporter toute fois & quand ils
voudront toutes ſortes de drogues & eſpiceries, dont le Roy a
desja receu le droit d'entrée, ſans payer aucun droit de ſortie. Ils
jouiſſent en ce Royaume des priuileges des foires, tout ainſi que
les naturels François & bourgeois des Villes, & c'eſt principalement à celles qui ſont franches, qu'ils remettent leurs achapts,
afin de ne payer aucuns droits : nous n'auons au contraire aucune
exemption chez eux; tant s'en faut, leur rigueur eſt ſi grande

qu'ils nous font payer le double des fraiz de l'acquit de fortie qu'ils appellent *Coquet*.

Il fe pratique encore vn tres inique traittement en Angleterre contre les François qui y portent du vin, car il ne leur eſt permis de le vendre aux tauerniers, ains feulement à ceux qui font de la compagnie qui traitte de cette marchandife, qui par ce moyen obligent nos hommes à leur bailler leur vin au prix qui leur plaiſt. Plufieurs marchands Bourdelois & Rochelois l'ont experimenté à leur perte. Voicy encore bien pis, le pouruoyeur du Roy fait ordinairement fon choix dans la caue de nos marchands, & marque la tefte du vin au prix qui luy plaiſt en donner, par ainfi outre la perte qu'il a fur ce qu'on en prend, le refte eſt tenu pour rebut, qu'on eſt par apres contraint de donner à perte notable, fi d'auenture par prefens ou par amis il ne traitte auec le pouruoyeur. Rien de femblable ne fe pratique en France auec les Anglois. l'Anglois tient vne telle rigueur aux Nauires François chargeant en Angleterre, que s'il fe prefente vn Nauire Anglois qui vueille charger pour le mefme lieu, on fera defcharger le François, fuſt-il desja à demy chargé, pour recharger dans l'Anglois. Ce qui bien loin d'eſtre pratiqué en France, on voit que les marchands Anglois n'ayant pas fouuent affez de vaiſſeaux de leur nation pour tranfporter toutes les marchandifes qu'ils enleuent aux foires de Roüen & d'autres lieux, frettent pluſtoſt des nauires Holandois, que des François.

Pour ce qui regarde le traittement perfonnel, il n'eſt pas moins feuere & rigoureux enuers nous : à châque François quand il entre en Angleterre on fait payer vn tribut de cinq fols : & quand il en fort, vn de trente. * Au contraire en France ils entrent & fortent quand ils veulent, fans qu'il leur en couſte rien. Les François font tenus de tefter en Angleterre, à faute de quoy les biens du defunct demeurent acquis au Roy ; & en France on les remet gratuitement aux heritiers des Anglois qui meurent en ce Royaume. Les François demeurans en Angleterre, quoy que non Naturalifés, font neantmoins enrollez au Papier du Roy, qui contient vne forme de taille vniuerfelle, & font taxés à vne certaine fomme. Mefme au lieu d'eſtre foulagez comme Eſtrangers, lors qu'il fe fait quelque leuée de deniers, comme il s'en fait frequément pour les affaires du Roy & des Villes, ils font toûjours

* *Ce droict eſt eſtabli à Mardik & Dũkerque depuis que les Anglois les poſſedẽt*

furchargés , & payent au double : ou au contraire les Anglois
demeurans en France font exemps de toutes tailles & fubfides
ordinaires que le Royaume leue fur fes fubjets naturels. Il y a plufieurs autres rigoureux traittemens que nous receuons en Angleterre,& qui feroient trop longs à deduire.

Paffons maintenant à confiderer le traittement que nous receuons parmy les Portugais & Efpagnols, & celuy qu'ils reçoiuent parmy nous, tant pour les marchandifes, que pour leurs
perfonnes: Il eft vray que depuis les troubles de la guerre, la
demeure ny les voyages n'ont efté gueres libres les vns chez les
autres: mais il eft certain qu'en tout autres temps les Portugais &
Efpagnols ont eu l'entrée & la demeure libre en France , & on
voit encore à prefent tres-grand nombre de Portugais qui font
habituez dans toutes nos meilleures Villes. Il eft vray que le
grand trafic que les nations Eftrangers ont en Efpagne à caufe
principalement du Commerce des Efpagnols dans les Indes , fe
fait pour la plus grande & meilleure partie des fruits & manufactures de la France : & neantmoins il y a vn impoft exceffif qu'ils
leuent fur toutes les ventes & reuentes de toutes nos marchandifes , excepté fur les bleds. Il y a l'impoft qu'on appelle d'*Alquavalle* , inftitué fous Ferdinand d'Arragon & Izabelle de
Caftille , qui eft de dix pour cent en la vente , & autant en la reuente fur les marchandifes qui viennent & qu'on enuoye aux
Indes , dequoy les François faifant leur employ dans l'Efpagne
font chargez , & par confequent obligez de rencherir autant
leurs marchandifes en France : & les Efpagnols ne payent point
ce droit-là. Et quand en fuitte les facteurs negocians en France
pour les Efpagnols , ont fait le debit des marchandifes apportées
en France , ils peuuent employer ce qui en prouient en d'autres
marchandifes de France , que declarant faire venir pour leur
compte , ils ne payent point le droit fufdit d'*Alquavalle* , & en
outre les Efpagnols ne payent que cinq pour cent de fortie
pour les Indes.

De plus les traittemens font fort rudes aux François fur les
marchandifes qu'ils font contraints de remporter d'Efpagne , à
proportion de la valeur de celles qu'ils y ont porté : car il y a
quinze pour cent fur les moindres : & fur le vin , l'huile , la coche-
nille , le raifin & les figues jufques à vingt-deux & demy , felon

l'eſtimation qui en a eſté faite dans les bureaux au plus pres de la
juſte valeur, en ce compris le droit qu'ils appellent *Dalmouxa-*
rifaſgo d'vn mot Arabe, qui eſt de cinq pour cent, & deux pour
cent d'autres menus droits.

Pour le regard de Liſbonne il ſe leue vingt-deux & demy d'entrée pour cent, mais deux & demy de ſortie ſeulement aux fins de
la deſcharge des eſpiceries. Car ſur toutes autres marchandiſes il
ſe prend vingt-cinq de ſortie. D'ailleurs à le bien prendre nous
ne ſommes pas moins tarez en la ſaque des eſpiceries, à cauſe que
le Roy d'Eſpagne, ou de Portugal a desja pris vn grand droit
d'entrée deſſus, lequel nous portons, le Marchand qui nous les
vend deuant y trouuer ſon compte : ce qui eſtant bien conſideré
par quelques vns des noſtres, qui cognoiſſant exactement ces
charges & recharges, en ont fait vne juſte ſuppuration, ils concluent que le Roy d'Eſpagne tire ſur nos marchands plus de
quarante pour cent, & que nous trauaillons plus pour luy que
pour nous.

Conferons maintenant à ces excés d'impoſt, les droits que le
Roy prend ſur les marchandiſes entrantes & ſortantes de France
pour l'Eſpagne, & nous trouuerons que c'eſt moins que rien, au
prix des impoſts d'Eſpagne : vn exemple fera preuue de tout.
Toutes ſortes de toiles fines & autres, ne payent au Roy qu'en-
viron quatre liures dix-huict ſols pour cent. Le Roy d'Eſpagne
le prend ainſi au prix, & le Roy au poids, en quoy il y a bien à
dire, car tel balot qui ne peſera que cent ou ſix-vingts, vaudra
quelquesfois plus de dix-huict cens eſcus. Quand aux toiles qui
ſortent de Bretagne & Guyenne, il n'en faut preſque point faire
eſtat, car elles ne payent au Roy qu'enuiron deux ſols ſix deniers
pour balot. Et pour parler generalement & veritablement, les
droits du Roy d'entrée & de ſortie ne ſont que deux & demy
pour cent, excepté pour les Eſpiceries, eſgalement pour l'eſtranger & pour le ſubjet. Et d'icy on peut comprendre l'inégalité
du traittement que les Eſpagnols reçoiuent en France, à celuy
que les François reçoiuent en Eſpagne pour le regard des droits
& impoſitions des marchandiſes.

Des impoſts ſur les marchandiſes, venons au traittement des
perſonnes. Nous portons en France vn ſi grand reſpect aux
Eſtrangers, qu'ils y ont liberté d'entrée & de demeure : & au

contraire les François allant & demeurant en Espagne, souffrent
des exactions dans leurs biens, & de grandes peines en leurs personnes. Premierement, les Espagnols montrent estre bien plus
jaloux du salut des François, que des Anglois & Holandois ; car
ils entendent ceux-cy chanter leurs Psalmes de Marot dans leurs
Vaisseaux, & sçauent qu'ils viuent à la Huguenote en Espagne
sans rien leur dire : mais si non seulement ils découurent, mais si
ils soubçonnent vn François d'Heresie, incontinent ils le mettent à l'Inquisition, & le tiennent tant qu'il leur plaist en prison,
au détriment de son bien, & de sa santé, & quelquesfois de
sa vie.

Cette seruitude est suiuie d'vne autre, sçauoir de la disposition
entiere & libre en tout temps de nos Nauires, & de nos hommes,
ce qu'ils ne pratiquent pas auec les autres Nations. Ils font sem-
blant de les freter, & taxer à ce qu'ils doiuent gaigner châque
mois ; mais quand il est question du payement, ils font tout passer
pour fraiz feints, pour la reparation & entretien des Vaisseaux,
& souuent les Vaisseaux sont perdus, sans aucune restitution ou
satisfaction. Quand les Espagnols dressent leurs flottes pour les
Indes, n'ayant pas abondance d'hommes pour remplir leurs
Vaisseaux, ils tiennent longuement les flottes en arrest sous
quelque pretexte inuenté, afin que les hommes de nos Vaisseaux
ennuyez, & d'ailleurs sollicitez par offre de bonne recompense,
se mettent sur les gallions qui vont aux Indes : Et ainsi ils dispo-
sent à liberté de nos hommes & de nos Vaisseaux. Ie ne m'esten-
dray pas d'auantage sur beaucoup d'autres vexations faites en
Espagne & Portugal, aux François en beaucoup d'autres occa-
sions : Seulement diray-je vn mot sur les traittemens qu'ils leur
font pour la saque de l'or & de l'argent. Surquoy il faut consi-
derer, que comme il n'y a rien que l'or & l'argent qui nous y
fasse porter nos marchandises, & qui nous y trouue lieu de necessaire, il est juste que nous ayons en contre-eschange des choses, qui considerées en elles-mesmes, ne le sont pas moins à ceux
qui les reçoiuent de nous. Car pour autre chose, si le Commerce
d'Espagne nous est vtile, le trafic de France est necessaire à l'Espagne pour sa subsistance : Car le Commerce des Indes, sans lequel l'Espagne ne seroit pas Espagne, ne se sçauroit faire, qu'auec
nos manufactures de diuerses sortes. Cependant quand les Fran-

çois veulent tranfporter de l'or & de l'argent d'Efpagne en France ; ce qui eft defendu par les Ordonnances du pays ; fur le
moindre foupçon ils font arrefter nos hommes & leurs vaiffeaux,
fe faififfent des Papiers & de la marchandife, voilant du crime de
leze-Majefté, le violant defir qu'ils ont de leur ruine : & ne faut
eftre furpris qu'vne fois, pour que les biens des François foient
confifqués, & fouuent les perfonnes y courent rifque de leur vie.
Nous auons eu d'affez frequens & funeftes exemples de cette rigueur, qui n'a jamais efté exercée fur les autres nations. Comme
fi c'eftoit affés d'eftre François pour eftre mal traités, & penfant
tirer quelque jufte & legitime profit de nos denrées, eftre de-
clarés criminels de leze Majefté en Efpagne.

On pourra dire qu'il y a pareille loy dans la France, & quafi
par tout où fe fait le Commerce. Mais il eft jufte qu'en Efpagne
il y ait exception de cette loy pour noftre regard. Car comme les
Efpagnols ne pourroient tirer l'or & l'argent des Indes fans nos
marchandifes & d'ailleurs ils n'ont rien de leur creu qui foit fuffi-
fant pour faire les retours de nos voitures ; Il faut au moins qu'ils
fouffrent que nous apportions l'argent du prix de nos denrées.

Pour ce qui regarde les Holandois, ils ont vne trop eftroite alliance auec les François pour croire que nous deuions receuoir
d'auffi mauuais traitemens de leur part que des autres nations. Ils
font vrayement les enfans adoptifs de la France : elle a fauorifé la
naiffance de cét Eftat, elle l'a efleué en fon adolefcence, elle l'a
inftruit & conduit en fa jeuneffe, elle le protege en fes aduerfitez,
& elle fe resjoüit dans fes profperitez. Ces peuples donc autant
par bien-veillance, comme ie veux croire, que par le befoin
qu'ils ont de nos denrées, n'impofent pas de plus grands deuoirs
aux François dans leur pays pour nos marchandifes, que pour les
leur ; & ne font pas plus mal traittez pour leurs perfonnes, que
ceux de leur pays. Mais après tout nos marchands François y font
encore moins d'affaires qu'en Efpagne, & qu'en Angleterre.
Car les Holandois font fi ardans au lucre, fi actifs au negoce, &
fi forts en vaiffeaux, qu'ils font tout chez eux, & ne reçoiuent
aucun feruice ny affiftance des autres. Sy nous penfons leur porter nos denrées de France, qui font les plus neceffaires pour leur
fubfiftance, ils les mettent à fi bas prix, en receuant d'autres par
leurs propres nauires qu'on eft contraints de les bailler à perte
notable

notable. Si nos Marchands penſent charger pour leur retour,
& y gagner au moins le fret de leurs Vaiſſeaux, on ne leur permet
de charger qu'en vn certain rang , & à condition qu'il n'y ait
aucuns de leurs vaiſſeaux en charge : ce qui n'arriue jamais, car il
part, & arriue continuellement des vaiſſeaux de France en Holande, & de Holande en France. Si les François cherchant autre
moyen de profiter, leur donnent ordre de leur enuoyer certaines
marchandiſes, ils le font rarement; car ils ont leurs facteurs , &
commiſſionnaires de leur nation dans les Villes de France , auſquels ils enuoient ſoigneuſement & à temps, toutes les marchandiſes qui ſont en bon debit : ou bien s'ils en enuoyent à nos marchands, c'eſt auec tant de fraiz, qu'il ne leur eſt poſſible d'en retirer
ce qu'ils y ont mis. Il faut dire enfin que quoy que le François n'y
paye pas plus de droit que l'originaire, & qu'il ſemble que le traite-
ment ſoit eſgal , ce neantmoins tous les François qui y ont voulu
negocier y ont trouué leur ruine : les exemples n'en ſont que trop
frequents dans les meilleures familles de Bourdeaux & de Nantes.
On n'a encore peû en découurir le ſecret, ſi ce n'eſt qu'eſtant
jalous de voir autres qu'eux negocier en leur Pays , par vne intelligence cachez entr'eux, ils s'accordent tous enſemble de
mettre vn bas prix aux danrées apportées par les François pour
leur faire donner tout d'vn coup du nez en terre, & leur oſter
l'enuie d'y retourner. Cela leur eſt important pour eſtre tous
ſeuls à trafiquer dans leur Pays ; & facile, à raiſon de leurs fortes
compagnies bien vnies & bien liées, au moyen deſquelles ils ne
font pareſtre qu'vn homme ſoul pour parler d'achapt auec les
François, leſquels par apres n'en trouuent aucun autre qui enuie
leurs marchandiſes, en ſorte qu'eſtant à la diſcretion d'vne ſeule
main, qui ſçait qu'aucun autre n'ira au deſſus, jugés combien les
pauures François ſont geſnez , puiſque ce n'eſt qu'vne liberté
feinte & en apparence, qui ſe peut à meilleur tiltre appeller vn
eſclauage couuert & déguiſé.

A pres ce que nous venons de dire & deduire , outre tant d'autres rigueurs & vexations que j'obmets, pour n'eſtre trop long,
je croy que nous auons plus grand ſubjet de porter compaſſion à
la miſerable condition de nos marchands François , que d'accuſer leur nonchalance , ou inhabilité à bien traitter le Commerce. Car quand bien ils ſeroient les plus actifs & vigilans, les

plus riches, & les plus puiſſans pour exercer le grand trafic, que peuuent-ils faire chez nos voiſins Eſpagnols, Portugais, Anglois, Irlandois, & Holandois, qui ſont ceux auec leſquels ils negocient ordinairement, ſe tenant aux loix, & aux conditions cy-deuant mentionnées. Car ſi ils leur portent nos marchandiſes de France, & qu'ils ſoient obligez, de payer chez eux tant d'impoſts, que les originaires ne payent point, & de rencherir d'autant leurs marchandiſes, pour s'y ſauuer; qui ſera celuy qui voudra achepter nos danrées du François, puis qu'il peut auoir meſme marchandiſe de France à meilleur marché par ceux de ſa nation, ne payant pas plus en la ſortie de France que les originaires, & ne payant point à l'entrée dans ſon pays, ce que le François y paye? Et ſi nos François pretendent charger chez ces nations des marchandiſes pour leur retour, eſtant encore obligez de payer de grands droits de ſortie que les originaires ne payent point, & eux ne payant pas plus d'entrée en France que les originaires, les François achepteront pluſtoſt & à meilleur marché les meſmes marchandiſes des Eſtrangers dans nos haures, que des François meſmes. Et ainſi il faut ou bien que le François ne face plus aucun Commerce chez ces nations; ou s'il trafique auec elles, aux iniques conditions cy-deſſus rapportées, il faut qu'il ſe ruine.

C'eſt choſe fort eſtrange de ce qu'il y a ſi long temps que l'on voit & que l'on reſſent ce deſordre, ſans y apporter des remedes conuenables & efficaces: au lieu d'accuſer nos pauures marchands d'inhabilité, ou de mauuaiſe conduitte dans les affaires de leur Negoce; on deuroit s'en prendre au peu de ſupport, & d'auantage qu'on leur conſerue au dedans, & au dehors de la France.

EXTRAIT DV MEMOIRE DES PRATIQVES
de Commerce des Eſtrangers dans la Ville de Bourdeaux, n'agueres dreſſé par le ſieur Canaſilles, pour faire encore voir dans vn exemple particulier le dommage que reçoiuent les originaires dans le maniement du trafic en France.

CHAPITRE XI. de la premiere Partie.

E croy bien que la verité de pluſieurs des choſes cy-deuant expoſées, ſera ſuſpecte à quelques-vns, s'imaginant que l'enuie ou l'intereſt particulier des Nantois les a porté à inuenter, ou au moins à exagerer beaucoup de faicts particuliers des Eſtrangers dans le Negoce: Et diront au reſte que quand il ſe feroit paſſé quelque choſe de ſemblable dans le Païs Nantois, on n'en doit pas faire vne Theſe generalle, & vn intereſt commun à toutes les Villes de France, qui n'experimentent rien de ſemblable, & n'en font aucunes plaintes. Il eſt vray que la France a tousjours eu aſſez de bonté pour faire du bien aux Eſtrangers au prejudice de ſon propre intereſt; mais ç'a eſté ſa force & ſa conſtance qui l'a renduë patiente dans l'excéz du mal qu'elle en a receu. Les circonſtances du preſent, & l'eſperance de mieux à l'aduenir, l'ont ſouuent obligée de ſe taire : mais pourtant comme elle a plus reſſenty ſon mal en quelques endroits qu'aux autres, elle y a auſſi plus eſclatté en cry & en plaintes; & quoy que les Nantois ayent eſté les premiers à reſſentir ce mal, ils ſont neantmoins tous les derniers à s'en plaindre. Et ſans m'arreſter à rapporter ce qui s'eſt paſſé diuerſes fois à Roüen entre les Marchands originaires & eſtrangers, & en beaucoup d'autres endroits de la France ; Ie me contenteray de ce que le ſieur de Canaſilles en a couché par eſcrit, & expoſé à Noſſeigneurs du Parlement de Bordeaux, au nom de Meſſieurs les Habitans de la meſme Ville, pour auoir quelque ſorte de maintien contre les vſurpations des Eſtrangers, & ie le r'abrege en dix ou douze Chefs.

Le premier eſt, que ſelon le bon ordre de Police, & la pratique ancienne de toutes les Nations, le Commerce des Eſtrangers en France ſe faiſoit cy-deuant par les mains de nos Marchands negocians du Païs, qui bailloient le juſte prix des danrées
aux Proprietaires, puis les vendoient à vn Marchand eſtranger,
qui venoit luy-meſme traitter auec eux, ſur lequel ils faiſoient
vn gain honneſte : & par ce moyen le Marchand eſtranger
trouuoit ſon ſoulagement, aſſiſtoit ſa nation, profitoit ſur les
ſiens, tout eſtoit dans l'ordre que la foy du Commerce peut
deſirer : & noſtre pays dans le profit commun des Bourgeois &
des proprietaires, trouuoit ſon maintien & ſa ſubſiſtance. Mais
depuis que les Flamans, Anglois, & Portugais, ont enuoyé dans
Bourdeaux des facteurs & commiſſionnaires, qui y ont eſtably
leur domicile apprenant noſtre langue & nos couſtumes, ils y
font toutes les affaires de ceux de leur nation, & font perdre à nos
marchands negocians les habitudes contractées auec tant de deſ-
pence, & cultiuées jadis par leurs peres auec honneur.

Ces Facteurs & commiſſionnaires eſtrangers pour nous ſup-
planter dans le Negoce, ſe lient enſemble par vne vnion jurée,
qu'ils tiennent comme vne loy d'Eſtat, & comme vn point de
Religion : par le moyen de laquelle ils s'obligent de ſe procurer
du profit les vns aux autres, & attirer tout ce qu'ils pourront
d'affaires entre leurs mains. Pour cela ils n'employent dans leur
negociation que ceux de leur Païs, chacun d'eux ayant trois ou
quatre ſeruiteurs & commis de leur Nation, qui agiſſent de tous
coſtez pour le profit de leurs Maiſtres.

Ils font des aſſemblées preſque toutes les ſemaines auec ceux
de leur cabale, dans leſquelles ils traittent de la qualité & quantité des marchandiſes qui leur faut. Ils arreſtent entr'eux le prix
des danrées du Païs qu'ils veulent achepter, & des marchandiſes
qu'ils veulent vendre : de ſorte que les Proprietaires & les Marchands originaires ſont contraints de leur liurer leurs danrées,
& achepter d'eux-meſmes les autres marchandiſes dont ils ont
beſoin au prix arreſté entre eux, autrement ils ne pourroient
vendre ny achepter, car ils ſe ſont rendus Maiſtres de tout le
Negoce actif & paſſif de la France.

Ils découurent par complot nos neceſſitez aux Nations
eſtrangeres : ils mandent la qualité & quantité des marchandiſes

qu'ils doiuent enuoyer en France : aſſignent le temps & les lieux
où les Vaiſſeaux doiuent aborder, & eſpient toutes les occaſions
de profiter, aduançant ou retardant le debit de leurs marchandiſes, & l'achapt de nos danrées, iuſques à ce qu'ils ſoient aſſurez
d'y trouuer tout leur compte.

Dans les meſmes aſſemblées ils arreſtent de prendre les vins
des moindres cruz, & des Payſans, qu'ils ont à bon marché ordinairement, à cauſe des neceſſitez où ils ſont : mais ils reſoluent
auſſi de prendre de châque contrée deux ou trois cruz d'auec les
perſonnes riches & des plus puiſſans, & leur font promeſſe ſe-
crette de leur faire valoir trois ou quatre eſcus par tonneau plus
que le prix courant, afin que ces perſonnes qui ſont ordinairement les Seigneurs des terres, fauoriſent leurs courſes & donnent
loy aux autres achapts qu'ils font dans la Campagne, & font le
ſemblable de toutes les autres danrées du Païs.

Ils arreſtent entr'eux le prix des vins & autres danrées auant
l'arriuée de leurs Vaiſſeaux, pour empeſcher que les Proprietaires n'en puiſſent tirer le iuſte prix, apres l'arriuée des Vaiſſeaux,
par la multitude des Marchands qui peuuent venir.

Ils rempliſſent de vins les Chays, & font des magazins dedans
la Ville & au dehors, & rencontrant quelque Marchand de leur
Nation qui a beſoin de vins, ils les menent dans leurs Chays,
ſuppoſent vn Proprietaire deſdits vins qu'ils ont acheptez, &
encor ils font les Courtiers, gouſtent les vins, font croire à l'eſtranger qu'ils ſont des cruz les plus renommez, les vendent à fort haut
prix, gaignent cinquante pour cent ſur iceux, & par ce moyen
décreditent le Païs dans les Nations eſtrangeres, d'autant que
tels vins ſont vendus pour les meilleurs de tout le Païs, quoy que
des moindres cruz.

Ils refuſent par monopole d'achepter les vins, & autres marchandiſes qui ſont entre les mains des Marchands de la Ville &
du Païs, en offrent par complot beaucoup moins que les Marchands ne les ont achepté ; & ſi les Marchands les chargent &
les enuoyent, ou en Flandres ou ailleurs, ils eſcriuent à leurs cor-
reſpondans, que les vins ſont de rebut & la marchandiſe gaſtée,
leur mandent ce qu'ils en doiuent bailler, qui eſt beaucoup moins
que ce qu'eux-meſmes en ont offert de deçà, & par ce moyen
empeſchent que les Marchands de la Ville, & negocians du Païs,

ne vendent fi bien & fi-toft leurs marchandifes, & les ayant gar-
dées long-temps, & à grands fraiz fur les Ports eftrangers, ils
font contraints de les laiffer à vil prix fuiuant les memoires defdits Facteurs & Commiffionnaires.

De plus, contre les Ordonnances Royaux, Arrefts du Confeil & de la Cour, ils entreprennent faire la banque, vendre &
achepter toute forte de marchandifes, au prejudice des droits des
Bourgeois de Bourdeaux, & de tous les negocians du Païs, &
faire eauës de vie & vinaigre, tenir Hofteleries & Cabarets; par
ce moyen priuent les Habitans du profit qu'ils pourroient en
retirer, & le Roy de fes deuoirs.: & lors que les Marchands eftrangers arriuent ils les previennent, & empefchent par faction qu'ils
ne traittent auec les Bourgeois & negocians du Païs., que par
leurs mains, & point du tout fans eux.

Nos Courtiers ne font prefque point d'autres affaires que
celles que leurs Facteurs & Commiffionnaires eftrangers ne veulent pas entreprendre. Si il y a quelque profit à faire, ils ne s'en
feruent pas : & fi il y a de la rifque, ils les engagent dans leurs
marchez, & les en rendent refponfables aux Habitans : & lors
que les Commiffionnaires ont engagé pour eux les Courtiers
dans des refponfions importantes, ils font fouuent des déguife-
mens, defaueus, abfences, & mille autres malices ; de forte
qu'eftans contraints de les pourfuiure par Iuftice, mefme dans
leur Païs, ils y trouuent du fupport, & vfent d'vne fi longue &
fi ennuyeufe chicanerie, qu'au lieu de retirer ce qui eft deub, nos
Habitans y confomment le refte de leur bien, & fouuent leur vie.

Les exemples font fi frequens & fi refcens dans noftre Ville,
qu'il n'eft pas befoin de les rapporter.

Mais ce qui fait encore mieux voir le dommage qu'ils caufent
dans le Païs, c'eft le calcul de ce que les Eftrangers chargent de
marchandifes à Bourdeaux ordinairement châque année, & le
profit qu'ils y font à noftre preiudice : car apres vne fupputation
affez exacte, on trouue qu'il s'y charge annuellement le nombre
de foixante mille tonneaux de vin l'vne année fupportant l'autre,
fur lefquels il y a à gaigner dix efcus par tonneau fans compter les
hazards qui peuuent arriuer d'vn plus grand gain : le Païs perd
cela, les Proprietaires vne partie, les Marchands & negocians
l'autre; qui reuient à vn million huit cent mille liures. 1800000 l.

Il s'y charge annuellement six mille pieces de prunes, à sept quintals piece, font quarante-deux mil quintals sur quoy s'y gaigneroit trente sols par quintal, que le Païs perd, monte quatre-vingt quatre mille liures·   ---84000 l.

Il s'y charge aussi quatre cens tonneaux de miel, où il s'y gaigneroit dix escus par tonneau que le païs perd, monte douze mille liures.   --- 12000. l.

Il s'y charge quatre cens tonneaux de terebentine, à dix escus par tonneau de profit que le Pays perd, monte douze mille liures.   --- 12000. l.

Il s'y charge vingt-cinq milliers de resine, à trois liures pour millier de profit que le Païs perd, monte septante cinq mille liures.   --- 75000. l.

Il s'y charge deux à trois mil quintals d'encens, à trente sols pour quintal de profit que le Païs perd, monte quatre mille cinq cens liures.   --- 4500. l.

Il s'y charge huit mille boisseaux de graine de lin, que les commissionnaires acheptent mesme en herbe à leurs mots, comme le reste, à quarante sols par boisseau de profit que le Païs perd, monte seize mille liures.   --- 16000. l.

Il s'y charge trente mille quintals de liege, à trente sols pour quintal de profit que le Païs perd, monte quarante-cinq mille liures.   --- 45000. l.

Il s'y charge deux mil quintals de plume, à cinq liures le quintal de profit, que le Païs perd, monte à dix mille liures.   1000. l.

Il s'y charge quarante mil boisseaux de chastaignes & noix, à trente sols pour boisseau de profit que le Païs perd, monte soixante mille liures.   --- 60000. l.

Il s'y charge trois mil barriques d'eau de vie, à dix escus sur barique de profit que le Païs perd, monte quatre-vingts dix mille liures.   --- 90000. l.

Il s'y charge quatre cens tonneaux de vinaigre, à dix escus pour tonneau de profit que le Païs perd, monte douze mille liures.   --- 12000. l.

Lesdits Facteurs & Commissionnaires estrangers font en telle sorte leur compte, que les Proprietaires qui vendent payent les droits du Roy, sur le vil prix qu'ils mettent aux marchandises cy-dessus : & par ce moyen le Païs perd huict liures vn sol pour ton-

neau de vin, & les droits des autres danrées, que ie ne veux compter, & les seuls droits du vin que l'on perd, montent quatre cens
octante-trois mil liures. --- 483000. l.

Il s'y baille annuellement, l'vne année supportant l'autre, par
ces Facteurs commissionnaires estrangers, deux millions de liures
& plus, soit à la grosse aduanture & à change, que ie ne veux
compter que douze pour cent seulement par an, quoy qu'ils
gaignent le double & le triple, à la ruine du Païs, & des Banquiers
d'iceluy, & ce au prejudice des Ordonnances, à cette raison
monte deux cens quarante mille liures, --- 240000. l.

Autre perte que le Païs fait sur les marchandises qui s'y con-
somment, que lesdits Facteurs & commissionnaires reçoiuent
annuellement, & font passer par leurs mains, comme poivre,
giroffle, canelle, muscade, & autres sortes d'espices : Cuiure, fil
de leton, fil d'archal, cire, plomb, toutes sortes de manufactures,
toille, bourdillon, tables, beurres, fromages, fer en grisle, &
quantité d'autres marchandises, qui se montent à pres de deux
millions, l'vne année supportant l'autre : sur quoy ils gaignent
bien vingt pour cent, en quoy les Bourgeois & les negocians de
ce Païs gaigneroient bien dix pour cent, sans les desordres &
monopoles des Estrangers, qui reuient à perte au Pays pres de
deux cens mille liures. -- 200000. l.

Lesdits facteurs & commissionnaires Flamans chargent tant
en vin, miel, prunes, terebentine, rezine, liege, encens, graine
de lin, eau de vie, vinaigre, chastaignes & noix, pour deux millions de liures, dequoy ils tirent deux pour cent à la perte de
ceux du Pays, qui se monte quarante mil liures. -- 40000. l.

Le Pays perd au moins dix pour cent sur les hazards des marchandises que les Estrangers acheptent les vns des autres dans
nostre Ville, au prejudice des Bourgeois & negocians, & cette
perte monte à plus de cinquante mille liures par an, 50000. l.

Item, on perd sur la composition qui est faite aux Estrangers
dans les Bureaux pour les droits d'entrée & de sortie, qui est de
six pour cent, & n'en payent que deux & demy, ce qui re-
vient à perte à nos Marchands par an d'enuiron septante mille
liures. --- 70000. l.

Enfin les maux & les pertes que la Prouince souffre par le
sejour & par les pratiques des Commissionnaires estrangers dans

la

la Ville de Bourdeaux, font prefque inombrables, & tout cela tombe principalement fur nos Marchands, qui font dans l'eftonnement, voyant que leurs peres ont fait de fi bonnes maifons, aduancé leurs garçons, & colloqué leurs filles en de tres-bonnes familles, par le moyen du profit qu'ils ont fait dans le Commerce: & tous ceux qui fe meflent à prefent du Negoce, font les plus incommodez, & tout le Pays par confequent eft reduit en grande mifere: car il faut remarquer qu'il y a dans cette Ville huiĉt ou dix mille familles, parmy lefquelles il y en a les trois quarts & dauantage qui ne peuuent fubfifter que par le moyen du Negoce: & à ne prendre feulement que fix mille familles, à quatre cens liures par famille, l'vne portant l'autre, tant en loüage de maifons, qu'en viure & habits, qui eft vne des moindres conditions où on peut viure, la fomme totale fe monte deux millions quatre cens mille liures, qu'à peine peut-on trouuer, à caufe des negociations des Eftrangers qui font tout & retirent tout le profit. Auffi eft-il bien certain que dans les années dernieres où la difette a efté plus grande, la plufpart de ces familles ont efté contraintes de vendre & manger le fond de leurs heritages: & encore à prefent il y a fi peu d'argent parmy le peuple, à caufe qu'on ne l'employe pas, & ne vend pas affez bien fes danrées, que nous fommes dans le peril éminent d'vne entiere ruine.

Voila la fubftance de l'efcrit du fieur Canafilles, fur ce qui fe paffe dans la Ville de Bourdeaux au faiĉt du Commerce, qui n'eft vrayement qu'vne repetition de ce que nous auons cy-deuant fort amplement déduit, & de ce que châque Ville experimente tous les jours dans le maniment du Commerce; mais par où il paroift clairement que c'eft le fentiment general & la voix publique de la France, que les Eftrangers font faifis de tout noftre Commerce en France, & ruinent les originaires.

L'ABONDANCE DE TOVTES SORTES
de Fruicts, & Danrées dans la France, vtiles &
necessaires au Commerce de mer.

CHAPITRE IX. de la seconde Partie.

ES Motifs que nous auons produit cy-deuant, tirez des aduantages du Commerce en general, sont assez forts & puissans pour obliger toutes sortes de Nations à en estimer & à en affection-ner l'exercice : Mais comme toutes n'ont pas l'abondance des fruicts & danrées necessaires au Negoce, ny la commodité des Mers & des Havres pour la nauigation ; je trouue que la France a encore ces aduantages sur toutes les Nations du monde, & qu'elle en est d'autant plus obligée d'en restablir & maintenir l'exercice parmy le peuple.

Pour faire donc voir les aduantages de la France, je ne sçaurois les proposer plus briévement, ny les prouuer plus autentiquement que par le sentiment de l'Empereur Maximilian, duquel on rapporte que s'entretenant vn jour auec ses Courtisans sur l'estat des Princes voisins, il leur disoit entr'autres choses, que si par impossible il se pouuoit faire qu'il fust Dieu, l'aisné de ses enfans luy succederoit en sa dignité, mais le second auroit le Royaume de France pour son partage. Cette parole est d'autant plus considerable, qu'elle est sortie de la bouche d'vn des Grands Monarques du monde, & bien moins que plus engagé dans les interests de la France. Ce qui fait croire que ce Prince a esté obligé par le seul motif de la verité, à preferer la France non seulement à ses Estats, mais à en releuer l'estime par-dessus tous les Royaumes & Empires de la terre. Sans doute ce Prince auoit soigneusement consideré l'estre & les qualitez de ce Royaume : & ayant esgard à la beauté de sa situation, à la multitude & grandeur de ses Prouinces, à la magnificence de ses Villes, à l'abondance de son Peuple, à la fertilité de ses terres, & à la commodité de ses costes, il y a eu juste sujet de luy donner l'aduantage par-dessus tous les autres.

Sa fituation eft en vne plage temperée, efgalement pofée entre l'Equateur & le Nord, exempte des trop grandes ardeurs du
Midy, & affez efloignée des froidures du Septentrion. Par cette
raifon fon air eft fain & gracieux, & moins fujet à corruption
qu'en toutes les autres Prouinces de l'Europe. Son terroir eft
partagé en Campagnes fertiles, en vertes prairies, bois & forefts
ombrageufes, colines & couftaux plantureux, le tout entre-
coupé de plufieurs belles & agreables Riuieres poiffonneufes &
nauigables, qui comme les veines dans le corps humain, portent
& diftribüent les chofes vtiles & neceffaires à toutes fes parties.

Ce Royaume eft compofé de vingt-cinq ou vingt-fix Prouinces, dont la plufpart ayant efté autrefois poffedées par des
Princes fouuerains, elles font encore capables par leur amplicu-
de de former autant de Royaumes particuliers : & la proximité
qui eft entre les vnes & les autres compofe l'vnion & la force de
la France. Quelques curieux comptent dans ces Prouinces plus
de fix cens mille Villes & Villages, remplis d'vn fi grand nombre
de peuple, qu'on tient qu'en Paris feulement il y en a autant que
dans les deux Caftilles d'Efpagne. Châcune de ces Prouinces fe
trouue garnie de tout ce qui eft le plus neceffaire à la vie. Et fi
autrefois la femme du Grand Roy de Perfe nommoit par vanité
vne des Prouinces de fon Royaume fa coiffure, l'autre fa robbe,
l'autre fes patins, & l'autre fes bracelets : NOSTRE GRANDE
PRINCESSE ET REGENTE pourroit auec verité appeller châcune
de fes Prouinces, fa France, & fon monde, puifque châcune eft
capable de luy fournir tout ce qui eft neceffaire.

Ie ferois trop long fi ie m'arreftois à rapporter par le menu
toutes les fortes de fruicts, de danrées & de manufactures qui fe
trouuent dans la France, Il fuffit de dire qu'elle poffede tout ce
qui eft neceffaire & vtile à la vie, fans qu'elle ait befoin de re-
courir aux autres Pays pour fa fubfiftance. Mais bien au contraire il y a grand nombre de fruicts & de manufactures, dont
les voifins & eftrangers font dépourueus, qu'ils doiuent par neceffité venir prendre en France. Et fans en faire vne plus ample
déduction, *Botero* autheur Italien remarque qu'il y a quatre
chofes principales dans la France, qui comme autant d'aimans
y attirent par neceffité les Eftrangers ; fçauoir les bleds, les vins,
les fels & les chanvres.

E ij

Pour les bleds, il est certain que l'abondance en est tres-grande & vniuerselle dans toutes les Prouinces de la France, de sorte que de tout temps apres en auoir fourny son peuple à suffisance, elle en départ volontiers le superflu aux Estrangers. Les Romains mesmes qui se vantent d'auoir le meilleur Grenier du monde dans la Sicile, ont esté souuent contraints de venir querir de nos bleds: Et Pline tesmoigne que de tous ceux qui estoient portez en Italie, le bled de France auoit le grain le plus net & le plus leger, & estoit par consequent le meilleur. De tout temps l'Espagne & la Holande ne se nourrissent ordinairement que des bleds de France. Et quoy que ces années dernieres les Holandois nous en ayent apporté de Pologne pour subuenir à nos besoins, il est certain neantmoins que la disette de bled qui nous auoit accueilly, n'estoit pas tant prouenuë de la sterilité de la terre en France, que de la mauuaise police du trafic, & du transport que les Estrangers en auoient fait depuis quelques années, au prejudice des Ordonnances du Roy.

Les vins croissent en France, en tant de diuerses Prouinces, & en si grande abondance, qu'il n'y a presque Havre ny Port de mer où on n'en puisse charger pour transporter aux Estrangers. Et en effect l'Angleterre, l'Escosse, Irlande, Flandre, Holande, Pologne, Dannemarc, Suede, & Norvége, qui n'ont aucun plan de Vigne dans leurs terres, n'en tirent presque que de la France pour leur necessité, soit en la pureté de vin, ou bien en eauës de vie & vinaigres, dont ces peuples font vn grand vsage. Il est vray que l'Espagne est suffisamment pourveuë de ce qui croist de vin dans ses terres: mais outre qu'elle n'en a pas l'abondance pour en départir beaucoup aux autres Païs, ses vins ne sont gueres bons pour l'vsage, ny si propres que les nostres pour faire eauës de vie & vinaigres, dont on a si grand besoin pour la Nauigation; & ainsi les autres Nations n'en tirent gueres que de la France.

Pour le Sel, comme c'est vne des merueilles de la nature, & vn des assaisonnemens necessaires à la vie; aussi est-ce dans son abondance que la France met vn de ses aduantages, & sa plus grande richesse; estimant ses costes maritimes gueres moins favorisées du Ciel par cette manne, que l'estoit autrefois le desert d'Arabie par la descente de celle que Dieu y faisoit pleuuoir.

Si Dieu n'a pas donné à la France les drogues & efpiceries qu'on luy apporte de l'Orient, & dont elle fe pouroit bien paffer, il luy a donné le Sel, dont l'vfage, & la vertu vaut bien les efpiceries, & qui d'ailleurs en fa feule valeur eft capable de fournir à la France toutes les richeffes & marchandifes des autres Pays, puifque cette manne luy eft quafi toute particuliere. Car l'experience fait voir qu'on ne peut faire de fel d'eau de mer outre le quarante-huitiéme degré, à caufe de la froideur qui s'y trouue, Et d'ailleurs le Sel d'Efpagne, de Bourgogne, de Loraine, celuy d'Afrique, & generalement tout le Sel qu'on tire des mines eft trop corofif: ce que mefme les Eftats des Païs-bas remontrerent à l'Empereur Charles-Quint, fur la deffenfe qu'il auoit faità tous fes fubjets d'vfer du fel de France. Outre toutes ces Prouinces qui font fujettes d'en prendre, on voit tous les ans de grandes flotes venir d'Angleterre, Holande & autres lieux, qui en emportent tres-grande quantité, les Pays du Duc de Sauoye, les ligues des Grifons, les Cantons des Suiffes, la Seigneurie de Genéve, le Pays de Valez, fe feruent de nos fels, comme font pareillement les Pays de l'Empire, & prefque tous les Pays Septentrionnaux. Que l'on confidere enfin combien il en faut pour medeciner le beftail, combien pour faler tant de pourceaux & de bœufs, tant de tourbes & fromages qui fe font dedans & hors le Royaume, combien pour le poiffon de plufieurs fortes, combien pour toutes fortes de perfonnes, on trouuera que c'eft la manne la plus neceffaire, & la plus precieufe dont Dieu ait voulu aduantager la France.

Le chanvre qui eft le quatriéme aimant de Botero, croift en France en plus grande abondance qu'en aucun autre Pays. Il y a long-temps que Pline a remarqué cét aduantage de la France, & d'autres perfonnes fçauantes & experimentées au fait du cômerce, difent hardiment que le profit qui en reuient à la France par la tiffure des toiles de toutes fortes, pour linges, chemifes, voiles, veftemens, & pour les cordages qui font portées en Efpagne, en Barbarie, & aux Indes orientales & occidentales, fe peut en quelque façon efgaler à l'or & à l'argent qu'on en tire.

Voila donc les quatre aimans que Botero remarque fommairement dans la France, qui y atirent par force, & amenent par neceffité tous nos voifins, ce que perfonne ne peut ignorer ny diſſimuler. Car premierement, quoy que les Eſpagnols & Portugais ſe vantent d'eſtre les poſſeſſeurs & diſtributeurs des treſors de la terre, ils doiuent aduoüer neantmoins qu'ils ne peuuent viure ny entretenir leur Commerce ſans l'aſſiſtance qu'ils retirent de la France en bleds, ſels, toiles, cires & toute ſorte de quinquaillerie & manufacture, dont partie eſt conſommée dans leur Pays, partie employée dans leurs voyages des Indes & pays meridionaux, ſans quoy ils n'en pourroient tirer ny or ny argent.

Les Anglois, Eſcoſſois, & Irlandois, ne peuuent auſſi ſe paſſer de nos toilles, vins, vinaigres, eauës de vie, prunes, papiers, manufactures, quinquailleries, & ſels qui leurs ſont abſoluëment neceſſaires, non ſeulement pour eſtre conſommez dans leurs meſnages, mais encore pour enuoyer tous les ans grand nombre de vaiſſeaux, ſoit en terre neuve à la peſche des moruës, ſoit dans les coſtes Septentrionnalles à la peſche des harans, ſardines, ſaumons, balaines, qui eſt aujourd'huy le meilleur de leur Commerce. De ſorte que la force de leurs Eſtats prouenant de la Nauigation, & ne la pouuant entretenir ſans les fruits & danrées de la France, il eſt tout euident qu'ils ne peuuent ſubſiſter ſans la France.

Les Flamans, & Holandois, eſtant encore plus dépourueus des choſes neceſſaires à la vie que toutes les autres nations pour ne cueillir pas dans leurs Pays dequoy ſe nourrir quinze jours, en peuuent auſſi entretenir leur Negoce (au moyen dequoy ſeulement ils ſubſiſtent) que par les danrées, fruicts & manufactures de la France. Il eſt vray que par le Commerce qu'ils exercent dans les Pays Septentrionnaux, Allemagne, Pologne, Suede, Dannemarc, Norvége, Moſcovie, & Ruſſie, ils tirent quelques bleds & autres commoditez, mais c'eſt par le moyen des vins, vinaigres, eauës de vie, ſels, toilles, & manufactures de la France. Ils ne peuuent non plus entretenir la peſche de harans, gabillaux, ſaumons, & autres poiſſons dont ils font vn tres-grand trafic, ſans les ſels, vins, & eauës de vie de la France. Pareillement pour entretenir leur grand Commerce aux Indes Orientales & Occidentales, & conſeruer les Places importantes qu'ils ont conquis dans les Pays eſtrangers, ils ont vne abſoluë neceſſité de nos vins, & eauës de vie, principallement pour ſe maintenir contre les exceſſiues chaleurs de la Zone toride, qui cauſent or-

dinairement vne certaine examination & deffaillance aux perfonnes qu'on y enuoye de noftre Zone temperée, ce qui faifoit
perir la plufpart des Soldats & Mariniers, jufques à ce que l'experience a fait connoiftre que l'vfage d'eau de vie eftoit vn fou-
verain remede à ce mal : De forte qu'ils feroient contraints d'a-
bandonner ces longues courfes, s'ils n'auoient le fecours de la
France, & toute l'Europe feroit priuée des efpiceries, drogue-
ries, pierreries, & autres precieufes marchandifes, dont les Holandois la fourniffent, fi la France ne leur bailloit auparauant fes
danrées, quinquailleries, & manufactures pour porter aux
Eftrangers.

Nous n'alleguons point tous ces aduantages de la France au
faict du Commerce fur tous les Royaumes & Prouinces voifines
pour en tirer vanité. Nous fçauons que Dieu qui a tiré toutes
chofes du neant, & donné à chacune de fes creatures l'eftre, &
le bien eftre, a eu des raifons, & des deffeins fouuerainement
juftes dans l'inégale diftribution de fes dons : nous reconnoiffons
que ce font les effects de fa fageffe & bonté infinie ; mais nous
voudrions que chacun confideraft attentiuement & fincerement
l'eftat & la fituation dans laquelle la Diuine prouidence l'a mis,
pour fe comporter les vns enuers les autres auec juftice, verité
& fidelité. Nous fouhaitterions que les François naturellement
genereux dans le point d'honneur, euffent conjointement plus
d'inclination & d'attache à leur profit temporel ; & fe feruiffent
de tous les grands aduantages que la nature, ou pluftoft l'auteur
de la nature leur a fi liberalement départis.

Nous voyons dans la parabole de l'Euangile, que Dieu donne
auffi bien des talens à faire profiter dans l'eftat de nature, comme
dans l'eftat de la grace : & le mauuais vfage que l'on en fait en
l'vn & l'autre eftat, merite reprehenfion & correction du pere
de famille. Ne deuons-nous pas donc craindre juftement, que
Dieu voyant la non-chalance de la nation Françoife, à tirer
profit de l'abondante fertilité de fes terres, & à en faire bon
vfage, par les moyens qu'elle en a ; ne dénie fes graces & bene-
dictions ordinaires, & ne nous laiffe tomber en beaucoup plus
d'incommoditez & de mef-aifes, que nous n'experimentons encore en France.

LES AVANTAGES DE LA FRANCE
sur les autres parties de l'Europe, pour la commodité de la Nauigation.

CHAPITRE X. de la seconde Partie.

COMME les Mathematiciens & Cosmographes preuuent par leurs démonstrations que le Globe de ce bas monde est composé de l'vnion de la terre & de l'eau, deux élemens qui en forment esgalement la rondeur & la grandeur; Aussi disons-nous que l'arondissement des perfections de la France, & le dernier point de sa grandeur, se prend partie de la fertilité de ses Terres, & partie de la commodité de ses Mers; l'vn & l'autre contribuant merueilleusement à sa felicité par le moyen du Commerce & de la Nauigation. De sorte qu'apres auoir fait voir dans le Chapitre precedent la fertilité de ses Terres, faisant encore voir que la France a toute sorte d'auantage sur tous les autres Royaumes & Prouinces pour le Commerce & la Nauigation, c'est montrer qu'elle a le moyen de se porter dans le plus haut point de la felicité de la terre.

Pour cognoistre donc clairement les commoditez & les aduantages de la France au faict de la Nauigation, il y a six choses particulieres à y remarquer. La premiere est sa situation, tant à l'égard de la Mer, qu'à l'égard des autres Prouinces & Royaumes auec lesquels elle peut negocier. La France tient quasi le milieu de l'Europe, elle a l'Espagne d'vn costé, l'Italie & l'Alemagne de l'autre, & à son Nord l'Angleterre, l'Escosse & Irlande : elle est comme le centre où les Royaumes & les autres Pays plus esloignez peuuent facilement se rendre pour y puiser les choses necessaires à leur Estat. Reciproquement la France a la commodité & facilité de negocier en toutes les Prouinces, par le moyen de deux Mers dont elle est flanquée au Septentrion & au Midy : Car d'vn costé elle est entourée de la mer Occeane, depuis Calais en Picardie, jusques à Sainct Iean de Luz en Biscaye : & de l'autre de la mer Mediterranée, depuis la

coste

cofte de Rouffillon jufques à Nice en Piedmont. Ces deux Mers luy font comme deux larges portes & iffuës par lefquelles les François peuuent porter en peu de temps dans toutes les parties du monde, le nom, les armes, la grandeur & la reputation du Prince & de l'Eftat. Par la Mediterranée, la route & le Commerce de tout l'Orient luy eft ouuert & fort facile ; & par l'Ocean, qui entoure toutes les plus grandes parties du monde, elle a le moyen d'exercer le Commerce auec toutes les Nations de l'Orient & de l'Occident, du Septentrion & du Midy.

La feconde chofe fort auantageufe dans la France à la Nauigation, c'eft le grand nombre de Havres, de rades commodes, & retraittes affurées que nous auons dans toutes nos coftes maritimes, tant le long des Prouinces de Picardie, Normandie, Bretagne, Aulnix, Xaintonge, Gafcogne & Bifcaye fur l'Ocean, que dans la cofte de la mer Mediterranée. La feule Prouence a tant de Ports, de chambres, & autres commoditez naturelles pour la Nauigation, qu'on l'eftime à bon droict la plus auantagée de la Mediterranée. Et ce qui eft bien à remarquer, c'eft qu'entre les Havres de ces Prouinces, il y en a de fi capables, qu'en quelques-vns on y peut loger jufques à cinq ou fix mille Vaiffeaux enfemble, & les y conferuer fi feurement, qu'il n'eft en la puiffance ny de la Mer, ny des vents, ny des ennemis, de les y faire perir. De forte que comme les Ports de mer font les portes d'vne Prouince, & les eftapes du Commerce, d'où dépend plus que de toute autre chofe, la richeffe & la fplendeur des Villes maritimes ; Il faut croire que la France ayant tant de Ports de mer fi capables, fi feurs & fi commodes, elle a en cela vn des grands aduantages pour fe rendre heureufe en toutes les fortes de richeffes qu'on peut fouhaiter.

La troifiéme chofe qui y contribuë, c'eft la multitude & capacité des riuieres qui fe trouuent en France : auantage remarqué par Strabon il y a plus de feize cens ans, qui admire la bonté de la nature enuers les Gaules, luy ayant donné tant de riuieres, & fi bien eftably leur cours, que l'on peut tranfporter toutes fortes de marchandifes dans toutes les Prouinces du Royaume, & les faire paffer d'vne mer à l'autre par des fleuues nauigables, qui n'en font feparez que par de petits efpaces de terre, qui coufteroient fort peu à trancher ; & où d'ailleurs la voiture eft facile.   F.

Pour moy quand ie confidere le plan de la France, je me re-
prefente que Dieu Createur de l'Vniuers a fait quelque chofe
de femblable pour fa felicité, à ce qu'il a fait dans le Paradis
terreftre. Car comme la fainéte Geographie remarque, que
Dieu fit naiftre quatre beaux fleuues dans ce lieu de delices pour
l'arroufer, & les fit couler vers les quatre parties du monde pour
rendre ce lieu de toutes parts riche & fertile, ainfi il a mis dans
le terroir de la France, outre grand nombre de riuieres & ruif-
feaux, quatre gros & principaux fleuues, fçauoir la Seine, le
Rofné, la Garonne & Loire, qui refpondent aux quatre parties
du monde, & qui donnent l'entrée & communication dans toutes
les Prouinces du Royaume à toutes les nations Eftrangeres. La
Seine fort de la Bourgongne pour venir arroufer l'Ifle de France,
puis fe defcharge en la Mer par la Normandie vers le Septentrion. La Riuiere de Loire fort du Viuaretz, & ayant paffé le
Niuernois, l'Orleanois, la Touraine & l'Anjou, elle fe defcharge
dans l'Occean par la Bretagne, vers l'Occident. La Garonne
fort des Pyrenées, & apres auoir arroufé la plus grande partie
du Languedoc, elle fe vient rendre dans la Guyenne, & fe
perdre dans la Mer à Blaye, vers Midy. Le Rofne fort des Al-
pes, trauerfe le pays de Valays, paffe au milieu du Lac de Genéve, defcend à Lion, Arles & Auignon, puis vient defgorger
dans la Mer Mediterranée vers l'Orient : Tellement que la
France a des ouvertures de toutes parts, pour enuoyer & receuoir fes marchandifes de tous coftez par la Mer.

La quatriéme chofe fort aduantageufe pour la Nauigation
en France, c'eft la fertilité & l'abondance tres-grande de toutes
fortes de fruicts & d'ouurages dans nos Prouinces qui font voifines de l'Occean, ou de la Mediterranée. Les Geographes ont
affez curieufement remarqué, qu'il eft de la France au contraire
des autres pays voifins de la Mer : Car dans les autres Prouinces
& Royaumes, la plus-part des coftes de Mer font fort fteriles,
foit par la multitude des Rochers & des Sables qui fe trouuent
ordinairement fur le bord de la Mer ; foit par l'impetuofité des
vents, & par l'excés du froid ; foit auffi par excés de chaleurs.
Les exemples de ces effects paroiffent en diuers lieux, comme
en Angleterre, Efcoffe & Irlande, mais plus particulierement
dans l'Efpagne, qui eft toute fterile dans les coftes où font les

meilleurs Havres, comme on void tout le long de la Bifcaye, des Afturies, de la Galice, & du Portugal, excepté pres Lifbonne : & aprés cette miferable & longue cofte des Algarves, on ne rencontre aucune Prouince fertile jufques au deftroit de l'Andaloufie, où fe font pour cela prefque toutes les flottes & armemens d'Efpagne. Au contraire, en France toutes nos coftes maritimes font beaucoup plus fecondes que les Terres plus efloignées de la Mer, comme on void en Bretagne, Normandie, Aulnis, & Gafcogne fur l'Occean. Et pour la cofte de Mediteranée, tout le monde fçait que le Languedoc, & la Prouence, qui font les Prouinces plus voifines de la Mer, font auffi les plus abondantes en toutes fortes de fruicts & de délices pour la vie. De forte qu'il n'y a point de Prouince maritime en France, où on ne puiffe équiper des flottes, auitailler des Vaiffeaux, & fe fournir de tout ce qui eft neceffaire pour les voyages de longs cours.

La cinquiéme chofe notable dans la France, c'eft qu'elle ne manque d'aucune chofe neceffaire, tant pour la conftruction des Vaiffeaux, que pour les embarquemens. L'Efpagnol a du fer, mais il n'a ny bois, ny toilles : l'Anglois a vn peu de l'vn & de l'autre, mais non à fuffifance : les Holandois n'ont ny l'vn ny l'autre. Le fer, le bois, le chanvre pour les voiles & pour les cordages font en France en plus grande abondance qu'en tous les autres pays. Les bleds, les vins, Eauës de vie, les fels, les chairs, & le bifcuit, & les autres chofes neceffaires à la nourriture, fe trouuent pareillement dans toutes les coftes de la France, où mefme toutes les Nations s'y fourniffent, principalement les Efpagnols, Portugais, Holandois, Anglois, Ecoffois, & Irlandois.

La fixiéme, eft la multitude de bons Pilotes, d'excellens Matelots, & de toutes fortes de gens experts à la Nauigation, tels que font vniuerfellement tous les Bretons, & Normans, & fpecialement les Diepois, Maloüins, Nantois, Rochelois, Olonnois, & Bafques, tous renommés aux Prouinces & mers les plus efloignées. Les Aftronomes mefme remarquent que la fituation de la France la rend fort fœconde en hommes, & leur donne des inclinations & des induftries particulieres à la nauigation. Et il eft tres-conftant que grand nombre de nos gens de mer ne trou-

uant affez d'employ en France, fe retirent chez nos voifins, &
prennent party en Holande, en Angleterre, & autres lieux
efquels on exerce le Commerce plus frequemment & plus
vtilement.

Toutes les fufdites commoditez pour la Nauigation fe trouuent en plufieurs des Prouinces de France, mais dans la Bretagne
beaucoup plus auantageufement qu'ailleurs : premierement à
caufe du grand nombre de haures qui y font, entre lefquels
Morbihan & Breft font des plus commodes de l'Ocean, eftant
capables de contenir les plus grandes flotes qui ayent jamais paru
en mer; les Vaiffeaux y eftant tousjours à flot, fuffent-ils de deux
mille tonneaux; l'embboucheure fi creufe, qu'il n'y a jamais moins
de douze braffes d'eau, & tellement affeuré, que le lieu où eft
d'ordinaire partie de la flotte Royale à Breft, fe nomme la Chambre, parce que les Vaiffeaux y font en autant d'abry & d'affeu-
rance des vents & des ennemis que fi ils eftoient clos & fermez
dans vne chambre. Secondement en cette Prouince fe trouue
en abondance & à bon marché tout ce qui eft neceffaire pour
baftir & efquiper des Vaiffeaux : car il eft conftant qu'il n'y a en
France aucune Prouince maritime qui ait tant de bois & de forefts proche la mer. Pour les cordages & toiles, outre ce qui luy
eft neceffaire, elle en fournit les Royaumes & Prouinces voifines:
& mefme celles que l'on vend comme d'Olonne, font d'ordinaire prifes en Bretagne. Les bleds, les fels & les chairs y font en
abondance. Et de plus les gens de mer y font en telle quantité,
que durant le fiege de la Rochelle, le Roy tira d'vn feul bourg
quatorze cens matelots & foldats, bien qu'il y ait beaucoup d'autres endroits plus peuplez.

La conftition du Royaume eftant telle pour la commodité de
la Nauigation, il femble que la nature qui l'a donnée fi fauorable,
fente juftement quelque déplaifir de voir fon peuple mefprifer fi
long-temps fes faueurs, & ne fçauoir pas en vfer à fon auantage.
Noftre Royaume eft ouuert de tous coftez pour nous tranfporter
plus aifément dans toutes les parties du monde, & faire connoiftre
à toutes les autres nations la grandeur & la puiffance du nom
François: & nous nous contentons de receuoir les vifites des
Eftrangers, qui voyans toutes nos commoditez, ne peuuent affez
s'eftonner de nous voir fans Vaiffeaux & fans entreprifes.

Il semble que nous tenions à present la maxime de ceux qui
disent que c'est grande folie de monter sur mer quand on peut
cheminer sur la terre: que la mer est vn bel élement à celuy-là
seulement qui la considere de dessus la pointe d'vn rocher éminent: que c'est mestre sa vie à deux doigts pres de la mort, que
de s'exposer dans vn Vaisseau à la furie des ondes: & que partant
il y a quelque sorte de manie ou de temerité à s'engager dans les
nauigations. Telles & semblables saillies d'esprit sont bien propres
à faire la pointe d'vne Epigramme , & à embarasser les esprits
foibles & timides; mais non capables de faire aucune impression
dans vn bon esprit , & dans vn cœur François, à qui les perils de
la mer & de la terre ont tousjours plustost seruy d'apas que de
descouragement dans les entreprises honorables & genereuses.
Nous ne pouuons donc & ne deuons chercher la cause de la non-
chalance des François à la Nauigation, que dans les circonstances
du temps, auquel la necessité oblige tout homme sage de ceder:
veu principalement que nos Ancestres se sont tousjours gran-
dement signalez dans les Nauigations , comme nous allons
montrer.

✻✻✻✻✻✻✻✻✻✻✻✻✻✻✻✻✻✻✻✻✻✻✻✻✻✻✻✻✻✻✻

LE COVRAGE ET L'INDVSTRIE DES
François, a de tout temps paru dans les voyages
& Conquestes de Mer.

CHAPITRE XI. de la seconde Partie.

IL n'y a pas moins de laschete de nostre par, que
d'injustice de la part de nos voisins, de nous rauir
l'honneur & la gloire d'estre bien versez & affec-
tionnez au fait de la Marine, puisque cét exercice
est si naturel à nostre Nation, & a esté de si long-
temps entretenu par nos peuples, que selon la remarque docte & curieuse de plusieurs bons Auteurs, le nom de
GAVLOIS en son etymologie Hebraïque & Armenienne est
tiré de la Nauigation. Car ce mot Hebreu *Galim* , d'où plusieurs
deriuent le nom de GAVLOIS , signifie Nauigateur ou Sub-

mergé : d'autres comme Xenophon en fes equiuoques, difent que les GAVLOIS ont les premiers bafty, efquipé & conduit des Vaiffeaux fur mer, ce qui a donné fondement de former le nom de GAVLOIS, du nom de Galeres, Galions, & Galeaces. Mais vn tefmoignage bien autentique de l'inclination, du zele & de l'aplication des GAVLOIS à la Nauigation, c'eft que dans la foy de plufieurs celebres hiftoriens, ils ont efté les premiers Auteurs de ce folemnel Sacrifice appellé par les Grecs *Pannonion*, dont parle Strabon, recitant les vœux qui fe faifoient au Temple de Neptune, tenu pour Dieu de la Mer, qui prefide aux Orages & aux Tempeftes. Et plus authentiquement encore allegant que Ianus creu par les Romains pour inuenteur des Nauires, eftoit GAVLOIS, au rapport d'Athenée. Ou bien difons encore en confirmation de cette verité que cette ancienne Monnoye, dont parle Sexte Aurelle Victor nommée AS DE MEMOIRE, eftoit pareillement vn ouurage GAVLOIS, où pour fymbole de fauueté fe voyoit empraint le caractere d'vne Nef ou Nauire, fur laquelle Saturne abordoit en Italie : car mefme au rapport de quelques bons Auteurs, les anciens GAVLOIS, auoient le Nauire pour Armoirie, ce qui monftre encore combien la Nauigation a efté en eftime & recommandation à nos Anceftres.

Quoy qu'il en foit, de tout temps les Nauigations ont efté en grand credit, & fort frequentées par les anciens GAVLOIS, auffi bien que depuis par les François. Et ie ne fçay aucun Liure, ny aucune authorité par laquelle on puiffe prouuer qu'aucune perfonne de quelque nation que ce foit ait jamais entrepris des voyages de long cours, que l'on appelle d'auanture, dans la mer Occeane deuant Euthymenes, & Pytheas, tous deux Gaulois & natifs de Marfeille : Les plus anciens auteurs en font mention, comme des premiers & des plus expers Nauigateurs du monde.

Euthymenes fe porta le premier à la découuerture de l'Affrique par la mer Occeane, & par la cofte d'Ethiopie : & Pytheas s'affectionna pareillement à la connoiffance de l'Europe. Et il n'y eut aucuns endroits, où on peut aborder par mer où il ne fe foit tranfporté, dit Strabon, parlant de luy. Il alla depuis le Palus Meotide, où s'embouche le fleuue Tanaïs, tout le long du Pont Euxin, & de l'Archipel, par la Mediterranée jufques au deftroit de Gilbatar. Et pour ce qui eft de l'Occean, il fift ce que per-

ſonne deuant luy n'auoit jamais entrepris. Car apres auoir coſ-
toyé l'Eſpagne, & la France, ſurmonté les difficultez de la
Manche, paſſé le Pas de Calais, & les emboucheures du Rhin,
tournoyé la pluſpart de la grande Bretagne, il cingla droit au
Nord ſi auant, que c'eſt de luy que les Grecs & les Romains ont
eu connoiſſance de l'Iſle de Thule. Ce Pytheas n'eſtoit pas vn
ſimple matelot, mais vn homme qui faiſoit des obſeruations ſi
exactes, par le moyen des ombres du Soleil, que Hiparcus l'vn
des grands Aſtronomes de l'antiquité, s'eſt ſeruy de ſes eſcrits:
& Eratoſtene qui paſſe pour le plus habile Coſmographe qui ait
eſté, citoit dans ſes ouurages les eſcrits de Pytheas, & en rapportoit les paroles comme autant d'Oracles.

Ce genie donc qui a paru ſi notablement dans nos anciens
GAVLOIS, s'eſt tousjours entretenu & infus comme l'eſprit dans
le cœur des François, de ſorte que de temps en temps, ils ſe ſont
fort adonnez à la Nauigation, & ont fait de grandes entrepriſes
& conqueſtes dans la pluſpart des Royaumes & Prouinces
Eſtrangeres, où ils ont fondé des Villes, des colonies, & formé
des Royaumes : allant chercher au delà des mers par des Nauigations tres-hardies vn exercice à leur courage, dont les ſuccés
ont eſté ſi heureux, que par tout où ils ont arriué, ils ont laiſſé
leur nom auec les marques de leur valeur.

Pour en faire voir quelque choſe ſuccinctement, & comman-
cer par les peuples de la Mediterranée ; Comme ceux de Marſeille, qui les premiers de l'Europe ſe ſont plus adonnnez à la Nauigation, & ſe ſont rendus forts & redoutables à toutes les nations,
dans l'Empire des ondes, ils ont auſſi les premiers entrepris des
conqueſtes, & fait des colonies. C'eſt pourquoy Pline attribuë
aux Marſeillois les fondations des Villes de Nice, & d'Agde.
Génes de tout temps a eſté la porte par laquelle nos GAVLOIS
ont entré en Italie pour y fonder preſque toutes les Villes qui ſont
encore à preſent en quelque conſideration. Le dénombrement
en ſeroit ſuperflu & ennuyeux. Cluuere Geographe recent &
ſuccint montre qu'à peine y a il ville en Italie qui n'ait eſté baſtie
ou ſubjugée par les GAVLOIS.

La Duché d'Vrbin, c'eſt à dire toute la coſte de mer qui eſt
depuis Ancone juſques à Riminy, portoit jadis le nom de Seno-
gallia, formé du nom des peuples GAVLOIS qui l'ont autrefois

occupé, ainſi que remarquent les Geographes. La tres-Illuſtre Republiques de Venize, ne tient point à des-honneur d'auoir pris ſa naiſſance d'vne colonie de GAVLOIS enuoyée de la coſte de Vennes de noſtre Bretagne Armorique, ce que Strabon a ſoigneuſement remarqué. Et en effet outre que le nom Latin de l'vn & de l'autre eſt ſemblable, les auteurs remarquent qu'ils ne different qu'au ſeul langage, ayant au demeurant meſmes exercices, meſmes couſtumes, & meſmes façons de viure.

Pourſuiuant la coſté de la Mediterranée, ne ſçait on pas qu'une partie de l'Aſie Mineure, ou Anatolie, fut jadis nommée Galacie, ou Gaule-grecque, depuis que les GAVLOIS y eurent abordé, apres auoir ſaccagé la Grece, & la Macedoine, & partagé le Royaume de Bithinie, auec le Roy de ce Païs qui les auoit appellez. Mais les François n'ont-ils pas longuement poſſedé la Syrie, ſous le tiltre de Roy de Ieruſalem, depuis que Godefroy de Boüillon eut conquis la terre Sainte. Saint Louys ne porta-il pas encore ſes armes & ſa puiſſance dans l'Aſie & dans l'Affrique, dreſſant de grandes flottes pour regagner les lieux Sanctifiez par la preſence de IESVS-CHRIST, & par la vie toute miraculeuſe d'vn nombre infiny de Saints. Enfin les François eſtoient autrefois ſi accouſtumez de voyager & trafiquer en Orient, que les Turcs, les Perſes, & les Egyptiens ne connoiſſent encore à preſent & ne parlent des autres peuples de l'Europe, que ſous le nom de Francs, c'eſt à dire François : attribuant aux autres nations le nom de ceux qu'ils auoient couſtume de voir le plus ſouuent dans leurs coſtes. Et encore à preſent il n'y aucune nation à laquelle il ne ſoit permis de trafiquer en Orient auec les ſubjets du Grand Seigneur, pourueu qu'ils le facent ſous l'adueu & ſous le nom de France.

Si nous paſſons maintenant de la mer-Mediterranée dans l'Occean, le premier Royaume que nous rencontrons c'eſt l'Eſpagne, où n'y a preſque point de haure où nos François n'ayent abordé, & eſtably des colonies. Le Poëte Lucain Eſpagnol de nation, dit expreſſement que les Betons, & quelques peuples de Grenade, ſont d'extraction Gauloiſe. Ptolomée appelle Celtique la religion des Iſles de Gadir, pour auoir eſté occupée par les peuples de la partie des Gaules appellée Celtique. Et de fait la Ville de Calis retient encore le nom de la nation qui l'a fondée,

que

que l'on croit probablement eſtre ceux de Calais en Picardie.

La Luſitanie ſemblablement a pris le nom de Portugal des
frequentes deſcentes que les GAVLOIS faiſoient anciennement en ſes ports. Ce que Vaſeus a fort ſoigneuſement remarqué en ſa Chronique ; adjouſtant que la Ville de Bracara a emprunté ſon nom des peuples de Gaule , ſurnommez Bracques.
Et Ptolomée remarque en cette region quelques autres Villes
qui ont auſſi des noms GAVLOIS , entr'autres Lacobriga (qu'on
appelle vulgairement Coymbre ou Conymbre) nom emprunté
des Lacobriges, anciens peuples des Gaules.

Pour la Galice elle montre aſſez par ſon nom que ſa premiere
origine vient des GAVLOIS, ainſi que Meſla Geographe Eſpagnol l'accorde, comme auſſi l'Eueſque de Geronde. Et meſme
la Ville de Fraga eſt appellée par Ptolomée Gallica-Flaua , comme ayant eſté formée par les GAVLOIS.

Pour l'Angleterre pluſieurs bons auteurs tiennent qu'elle eſt
communement appellée Albion , à cauſe que les Albiens , ou
Albigeois, ayant deuallé la riuiere de Garonne, & pris la mer, ils
aborderent à cette Iſle maintenant appellée Angleterre, la peu-
plerent , & luy donnerent le nom d'Albion rapportant à leur
propre nom. Et le Venerable Bede Anglois de nation , dit expreſſement que les Bretons Inſulaires, c'eſt à dire les Anglois,
ſont décendus des Bretons Gaulois, c'eſt à dire des peuples de
France qui habitent dans la coſte Armorique, que nous appel-
lons à preſent petite Bretagne. Mais outre cela les coſtes de
Cornoüaille en Angleterre, ce qu'on appelle autrement COR-
NVGALLIA , la Prouince de Galonide en Eſcoſſe, & vne partie
de la Lagenie , & Medie en Irlande , qu'on appelle Fingallia,
montrent encore comme les Gaulois ayant nauigé dans ces
coſtes, & remply ces Païs des peuples de leur nation , ont eſtendu
les confins de leur Empire, juſques dans ces Iſles-là , & laiſſé par
leur nom les marques de leur conqueſtes.

Cela & mille autres choſes que j'obmets , font aſſez voir que
le Genie des François eſt à bien cultiuer la marine, & que cét
exercice eſt en France auſſi ancien que l'Eſtat. Ce queſtant certain & veritable, il y a bien dequoy s'eſtonner de voir à preſent

G.

les François si esloignez des entreprises & des conquestes de mer de leurs ancestres. Ce sont eux sans doute qui les premiers se sont fait reconnoistre & redouter aux autres peuples du monde; ce sont eux qui les premiers ont gaigné, & possedé l'Empire des ondes; ce sont eux qui par leur hardiesse & genereuses Nauigations ont estendu l'Empire de leur Prince, acquis de la gloire à leur nation, & des richesses à leur partie: Et à present bien loin de maintenir cette gloire, les François delaissent presque entierement la Nauigation, ou au moins en laissent tout l'auantage aux autres nations.

Si nos peres qui ont vescu dans les siecles passez, où le courage & l'industrie de cette braue Nation a fait tant de merueilles sur Mer, retournoyent à present & voyoient la non-chalance des François de ce temps, auec quel estonnement ou plustost auec quelle horreur verroient-ils ce changement pitoyable, de l'Estat glorieux où ils nous ont laissé. Nous couurions autrefois la Mer & l'Ocean de voilles, & à present à peine auons nous dequoy transporter nos danrées, & le plus souuent nous empruntons les Vaisseaux des Estrangers pour nos meilleures voitures; autrefois nous visitions les costes Estrangeres pour en rapporter de l'honneur & des richesses; à present nous nous contentons de demeurer chez nous, & receuoir les visites de ceux qui nous apportent peu, pour emporter beaucoup : autrefois nous estions arbitres & distributeurs des richesses Estrangeres ; & à present nous n'y auons ny part ny portion : De maistres nous sommes deuenus disciples, & sommes reduits à nous voir faire leçon par nos apprentifs.

Et quoy ? sommes nous GAVLOIS ? sommes nous legitimes enfans ou auortons de ces braues peres? la mer est-elle deuenuë plus farouche & dangereuse? ou bien nous plus lasches & timides? souffrirons nous qu'on nous rauisse tousjours les palmes & fruits des arbres que nos peres ont si soigneusement plantez & cultiuez ? faudra-il qu'à l'exemple d'Vlisse on prenne le baston à la main, & que l'on contraigne les François de s'embarquer sur nos Vaisseaux ? Non, non, nous sommes meshuy persuadez des auantages que nous auons pour la Nauigation, & de la necessité du Commerce dans l'Estat. Il ne nous reste plus que de trouuer les moyens de bien reſtablir noſtre Commerce, Et c'eſt ce que nous allons monſtrer dans la Troiſiéme Partie de cét ouurage.

* * *

LA FIDELE ET EXACTE PRATIQVE
*de quelques Ordonnances cy-deuant faites pour le Regle-
ment du Commerce en France, moyen propre & efficace
pour le remettre entre les mains des François auec vtilité
& auantage.*

CHAPITRE I. de la troiſiéme Partie.

IL eſt facile de reconnoiſtre les deſordres de la pluſpart des choſes du monde, mais il n'eſt pas eſgalement facile d'y apporter remede : car le mal prouient du defaut de la moindre choſe neceſſaire à ſon ſujet, & le bien dépend de l'integrité de toutes ſes parties. C'eſt pour cela qu'vn Ancien diſoit ſagement, que la moindre creature eſt capable de mettre les plus grands deſordres dans la nature, & qu'il faut ſouuent la main des plus puiſſans Dieux pour y apporter le remede conuenable. La ſcience des hommes ſurpaſſe de beaucoup leur puiſſance ; car la ſcience ne dépend ordinairement que de l'actiuité de noſtre eſprit, & de la liberté de nos facultez internes : mais la puiſſance demande ordinairement l'aide des choſes qui ne ſont ny en noſtre pouuoir, ny en noſtre dépendance.

Ie ne veux & ne puis me vanter de poſſeder aucune connoiſſance particuliere dans la matiere que ie traitte : & quand bien il y auroit beaucoup de nouuelles lumieres à y deſcouurir, comme tous les jours on deſcouure de nouueaux Aſtres dans les Cieux, je n'ay point la veüe aſſez perçante pour cela. Ie n'ay dit juſques à preſent, que ce que peu de perſonnes ignorent, & n'ay fait que r'appeller l'eſprit des François à la conſideration plus attentiue des choſes importantes à leur honneur & profit : mais la connoiſſance de nos maux ne ſeruiroit que de nouuelle peine &

d'affliction à mon esprit , ne sçachant bonnement ny le choix des remedes, ny le moyen de les bien employer pour nostre guerison; si ie n'estois asseuré de trouuer l'vn & l'autre dans la sagesse, & dans l'authorité des grands Genies de la France.

Comme donc cy-deuant quelques personnes zelées au bien public , auoient aperçeu & mesme cognu par experience, la plus-part des desordres , & des maux deuant exposez, que la France souffre dans l'exercice du Commerce; & en ayant fait faire quelque remonstrance dans les Assemblées des Notables , & dans les Estats generaux derniers, on prescriuit en suitte les remedes plus conuenables couchez dans les Ordonnances generales du Royaume, Ie m'arreste à cela , estimant que l'exacte, & fidele pratique de ce qui a este cy-deuant ordonné, est capable & suffisante de bien restablir nostre Commerce.

Réduisant ainsi tous les moyens que nous jugeons les plus necessaires & aduantageux pour restablir nostre Commerce , à la pratique des articles prescrits par l'aduis des Estats generaux, & par l'autorité du Roy ; nos Compatriotes n'auront sujet de nous accuser de faire des innouations , ou d'entreprendre d'authorité priuée le reglement & la reformation de nostre Commerce: & les Estrangers pareillement ne pourront dire que c'est ou la jalousie , ou le dessein de leur nuire qui nous porte à ces reglemens : mais les vns & les autres auront plustost sujet de loüer nos intentions, qui ne font que d'obeïr & de nous seruir des moyens que le Roy a cy-deuant proposé à tous ses Subjets pour leur profit particulier & pour l'vtilité publique. Et comme il ne nous manque en cela que la pratique, il est necessaire que tous les Subjets du Roy l'establissent vigoureusement dans toutes les Villes, Ports & havres de la France sous l'authorité du Roy, & sous la protection speciale des Magistrats & Officiers de Iustice , sans qu'aucun pour quelque pretexte que ce soit y desroge. Et ainsi nous verrons bien-tost que le remede estant apporté aux principales causes de nos desordres dans le Commerce, les affaires se faisant par nos Habitans, & l'argent leur venant en main , ils seront en peu de temps capables de grandes negociations & entreprises.

Ie rapporte donc icy quelques Reglemens de Commerce,

couchez dans les dernieres Ordonnances generales, enregiftrez dans le Parlement de Paris l'an 1629. dont le premier article que j'e produits eft le 414. conceu en ces termes : *Voulons que l'article 258. de l'Ordonnance de Blois touchant la publication des affociations entre les Marchands, & defiftement d'icelles, ait lieu entre nos Subjets, ainfi qu'il eft ordonné pour les Eftrangers. Et fur la plainte qui nous a efté faite que les Marchands eftrangers demeurans hors de noftre Royaume, commettent en iceluy des Marchands de leur mefme nation, qui obtiennent de nous Lettres de Naturalité : fous le benefice defquelles traittans comme Regnicoles, trafiquent neãtmoins au profit defdits Eftrangers, reçoiuent & debitent les marchandifes qu'ils leur enuoyent, & font pour eux les achapts dont ils les chargent, tranfportans par ce moyen toute l'Vtilité du Commerce en main & famille eftrangere, au grand dommage & preiudice de nos Subjets & de noftre Eftat. Pour y pouruoir, Nous ordonnons que nul eftranger demeurant en noftre Royaume, foit qu'il foit naturalisé ou non, ne pourra eftre Facteur, ny Commiffionnaire des marchands eftrangers refidans hors noftredit Royaume, lefquels feront tenus fe feruir & auoir leurs correfpondances auec les Marchands naturels François, & defcendus d'eux, tenans pour tels ceux qui font néz dans le Royaume de Peres ayans obtenu Lettres de Naturalité, & decedez en iceluy.*

Le fecond eft le 415. *Deffendons à tous Marchands des Villes de noftre Royaume, de quelque qualité & condition qu'ils foient, de prefter leurs noms ou marques à autres Marchands forains ou Eftrangers pour les faire jouir des Priuileges & libertez defdites Villes ; à peine d'eftre par les contreuenans décheus de leurs franchifes, & confifcation de la marchandife, moitié enuers les Pauures, moitié au denonciateur, & d'amende enuers nous.*

La pratique de ces deux articles eft de tres-grande importance pour le reftabliffement de noftre Commerce : car les commiffionaires que les Eftrangers entretiennent dans la France, voyent tout ; ils découurent tout, ils font tout, ils vendent à qui, & comme il leur plaift, & tirent de tres-notables profits de leurs commiffions, comme nous auons monftré dans la Premiere Partie. D'orefnauant en vertu de cette Ordonnance nos Marchands fe remetteront dans l'exercice du trafic, ils auront les intelligences & correspondances auec les Estrangers , ils vendront & achepteront nos danrées à prix raisonnable , & quand ils ne tireroient que le profit de leurs commissions, ils gaigneront des sommes d'argent qui les rendront capables d'entreprendre quelque chose de leur chef pour leur compte.

Le troisiéme article dont la pratique est necessaire, c'est le 428. *Et d'autant que nous auons reconnu vn asseruissement insupportable, auquel nos Voisins par leur vigilance & nostre nonchalance ont reduit nos Subjets, apportant en nostre Royaume, & emportant d'iceluy toutes les marchandises qu'il leur plaist sans nous en payer aucuns droits, & exigeant sur nosdits Subjets, tant sur les marchandises qu'ils portent vendre en leur pays, que sur celles qu'ils y acheptent, de grandes impositions contre la raison : Pour y remedier , & establir quelque esgalité des conditions du Commerce entre nos Voisins (auec lesquels le trafic est parmis) & nous; Nous auons ordonné & ordonnons que les mesmes impositions qui se leuent és entrées & Ports de nos Voisins, sur les marchandises que nos Subjets y vendent & acheptent, seront leuées & receuës en nos Ports sur les Marchandises que les Marchands estrangers & subjets de nosdits Voisins, y vendront & achepteront d'oresnauant.*

Cét article remedie à vn des autres grands empeschemens que nos Marchands ont à faire le Commerce , qui est l'excez des deuoirs & impositions que les Estrangers mettent sur les danrées que nous portons de France en leur Païs, bien plus grand que ceux qu'on leue en France sur les marchandises que les Estrangers nous apportent. Car de la pratique de cét article il arriuera ou que les Estrangers diminuëront les impositions qu'ils ont mis sur nos marchandises dans leur Païs ; & ainsi nous aurons moyen de les y porter & de les vendre à bon compte : ou s'ils ne le nous permettent ; on haussera aussi les deuoirs sur les marchandises Estrangeres qu'on apporte en France ; & au moins les finances du Roy grossiront beaucoup de l'augmentation qu'on fera au debit des marchandises Estrangeres dans la France.

Et certainement les Estrangers ont plus subjet d'approuuer & de se soubmettre à la pratique de cét article, que de s'en plaindre. Car il y a grand subjet de s'estonner comme la France qui peut se passer facilement des marchandises que les Estrangers nous ap-

portent de leur Païs, qui a tout ce qui luy eſt neceſſaire non
ſeulement à l'eſtre, mais encore au bien eſtre ; & où tous nos
voiſins ſont obligez par neceſſité de venir chercher ce qui eſt
neceſſaire à leur ſubſiſtance, pouuant par cette raiſon tres-juſte-
ment mettre des conditions de trafic plus onereuſes aux Eſtrangers en France, que celles que les Eſtrangers nous impoſent en
leur Pays ; veut neantmoins ſe reduire à l'eſgalité. C'eſt vn effet
de la bien-veillance des François enuers les Eſtrangers dont ils
doiuent ſe contenter, & ſe confeſſer obligés de ce que deformais
nous traittions auec eux, ſoit dans leur Pays, ou dans le noſtre,
à condition eſgale.

*Le quatriéme article eſt le 442. Et pource que cét ordre eſtant
ainſi eſtably, on ſe peut paſſer tres-facilement en noſtre Royaume des
Eſtrangers & de leurs Vaiſſeaux pour la nauigation ; Nous deffendons
tres-expreßément de charger ny freter aucuns Nauires & Vaiſſeaux
eſtrangers en nos Ports & haVres, ny par iceux tirer, emporter, ny
permettre eſtre tiré & emporté hors des Pays, terres & Seigneuries
de noſtre obeyſſance, aucunes danrées, marchandiſes, ny biens quelsconques ; meſme pour les transporter d'Vne de nos Villes, Ports
& HaVres en Vn autre. Comme auſſi nous faiſons inhibitions
& defenſes aux Eſtrangers, ſoit Marchands, Maiſtres, Con-
ducteurs de Nauires, Matelots & Mariniers, prendre, charger,
receuoir, accepter ny accueillir en leurs Nauires & Vaiſſeaux,
aucunes danrées & marchandiſes, ny biens quelsconques, pour tranſporter hors de noſtre Royaume, ny d'Vn Port en Vn autre, à peine de
confiſcation des Nauires, Vaiſſeaux, danrées & marchandiſes, Vn
tiers à Nous, Vn tiers à noſtredit Couſin, & l'autre tiers, au denonciateur, ſi ce n'eſt qu'il ne ſe trouue aucuns Vaiſſeaux appartenans à
nos Subjets en nos Ports & haVres, où ſe doiuent charger leſdites
marchandiſes : auquel cas leſdits Marchands, Maiſtres de Nauires,
& autres, pourront freter & charger les Vaiſſeaux eſtrangers des
danrées & marchandiſes qu'ils Voudront transporter és pays, Royaumes, & Prouinces eſtrangeres ſeulement, pour Veu que leſdits Vaiſſeaux ſoient Venus chargez de marchandiſes & non autrement, &
auec la permiſſion & congé de noſtredit Couſin, ſes Commis, ou des
Officiers de la Marine, par leſquels Voulons qu'il ſoit procedé contre
ceux qui loüeront les Nauires & Vaiſſeaux eſtrangers, ou les frete-*

ront au preiudice de nos Subjets & du public, contre les anciennes Ordonnances de la Marine.

La prattique de cét article causera deux biens fort vtiles & auantageux, le premier c'est que les François auront soin d'auoir plus grand nombre de Vaisseaux qu'ils n'ont, au moyen desquels ils feront vn plus grand trafic : & l'autre, qu'au moins ils ne demeureront oyseux & inutiles, & auront le profit des voitures de nos marchandises que l'on porte de Prouince en Prouince.

ORDON-

ORDONNANCE DV PARLEMENT

d'Angleterre du 9. Octobre 1651. Pour multiplier les Vaiffeaux, et pour donner courage à la Nauigation & Commerce des Anglois.

AFIN d'augmenter le nombre des Vaiffeaux, & d'encourager les affaires de la Marine, lefquels apres Dieu font les fupports & fauue-gardes de cette Republique ; Il eft ordonné par l'authorité du prefent Parlement, Que depuis le premier jour de Decembre 1651. & tout le temps apres, il ne fera pas permis d'amener en cette Republique aucuns biens ou marchandifes du crû, production, ou trauail manuel de l'Afie, Affrique, ou Amerique, ny d'aucun lieu appartenant à icelles, ny mefme des Plantations Angloifes qui y font par aucun Vaiffeau ou Nauires ; *Que dans des Vaiffeaux Anglois, lefquels appartiendront aux peuples de cette Republique, & dont les Maiftres & Matelots pour la plus-part feront Anglois, à peine de confifcation de toutes les Marchandifes qui feront ainfi amenées, contraires à cét Arreft ; comme auffi du Vaiffeau & de fon appareil, Canons & autres :* La moitié de laquelle confifcation fera pour l'vfage & profit de cette Republique, & l'autre à ceux qui faifiront, & pourfuiuront en la Cour de l'Admirauté de cette Republique. Et de plus il eft ordonné par ladite Authorité, qu'aucuns biens ny marchandifes du crû, production, ny manufacture d'Europe, ne feront pas amenées auffi en cette Republique d'Angleterre, ny en Irlande, ou en aucun lieu de leurs Domaines ny Plantations à eux appartenans, depuis le premier iour de Decembre 1651. que dans des Nauires & Vaiffeaux, dont fans fraude ny collufion les Peuples de cette Republique font les vrais poffeffeurs & proprietaires, *Excepté feulement par des Vaiffeaux qui proprement appartiennent à ceux du mefme lieu & place, dont la production, crû, & trauail manuel defdites marchandifes font ;* Ou autrement dans des Nauires appartenans aux Ports & Haures efquels on eft accouftumé ou obligé de charger lefdites marchandifes pour les tranf-

H

porter, fur les mefmes peines de confifcation, comme dit eft.

Il eft auffi ordonné & declaré par la mefme Autorité du Parlement, *Que toutes les Marchandifes foraines qui doiuent eftre transportées en céte Republique par les natifs d'icelle*, il ne leur fera pas permis de les amener que hors du lieu & place mefme de leur production, crû, & trauail manuel, ou hors des Ports, efquels on eft obligé de les charger, ou accoûtumé à le faire, à peine des confifcations fpecifiées en la premiere branche de cét Arreft, pour les employer comme dit eft. De plus il eft ordonné que toute fortes de Mouluës, Lings, Harens, Sardines; & tout autre Poiffon fallé, communément pefchez par le Peuple de cette Nation, & dont on fait des Huyles, ny les Balaines, ne feront pas amenez ny tranfportez en cette Republique, ny en Irlande, *Que par des Vaiffeaux ou Nauires Anglois, & dont le Peuple de cette Nation font les vrais Proprietaires*, & permis à eux feulement d'en faire des Huyles defdits Poiffons, à peine de confifcation, comme dit eft.

Et de plus il eft ordonné que toute fortes de Moluë, Ling, Haren, Sardine, & autres Poiffons fallez pefchez par le Peuple de cette Nation, ne feront point tranfportez hors d'aucun Port de Mer ny Haure de cette Republique, *Que dans des Vaiffeaux ou Nauires Anglois depuis le premier iour de Février 1653. & dont les Maiftres & Matelots la plus-part feront auffi Anglois*, à peine des confifcations fpecifiées dans l'Arreft. Cét Arreft pourtant ny aucun Article d'iceluy, ne pourra empefcher l'emportation des marchandifes par nos Vaiffeaux Anglois, des deftroits, ou des Mers de Leuant, quoy qu'elles ne foient pas de leur crû ou production; Et par le mefme Arreft il n'eft pas entendu qu'on empefche les Vaiffeaux de charger en leurs Vaiffeaux au Cap de bonne Efperance, des marchandifes qui viennent des Indes Orientales, quoy qu'elles ne foient pas de leur crû, ny production.

Il fera auffi permis au Peuple de cette Nation ayans des Nauires, dont le Maiftre & Matelots la plus-part font Anglois, de charger leurs Nauires des marchandifes en tous les Ports, Haures, Plantations & Dominations appartenans à l'Efpagne & Portugal, & les amener en icelle Republique; *Toutesfois il ne fera pas permis d'orefnauant à qui que ce foit, de charger ou faire charger ny amener dans aucun Vaiffeau ny Nauire, dont le Proprie-*

taire, ou Maiſtre ſoit eſtranger; ſinon qu'il ſoit Naturaliſé, aucun Poiſſon, viures, ou autres marchandiſes, ou choſes quelconques, *d'vn Port ou Haure de cette Republique à l'autre,* à peine pour ceux qui contreuiendront à l'intention du preſent Arreſt, de confiſcation de toutes & telles marchandiſes qui ſeront ainſi chargées & amenées, & meſme des Vaiſſeaux & Nauires qui les porteront, pour eſtre recouurées & employées ſelon comme il eſt ſpecifié par la premiere branche de cette ordonnance.

Finalement il eſt ordonné que le preſent Arreſt ny aucun Article qu'il contient, ne ſeruira point contre le Billon, non plus que contre les biens & marchandiſes priſes ou à prendre par voye de Repreſailles, par les Nauires & Vaiſſeaux ayans les Commiſſions de cette Republique. Il eſt auſſi ordonné & deffendu que cét Arreſt ny aucune clauſe contenuë en iceluy, ne puiſſe empeſcher que la Soye, ou les marchandiſes de ſoye qu'on tranſporte par terre d'Italie, & qui ſeront trocquées pour des biens & marchandiſes Angloiſes, de les amener dans des Nauires ou Vaiſſeaux Anglois, des Villes ou Havres d'Oſtande, Newport, Roſterdam, Mildebourg, Amſterdam, ou autres Ports adjacents en cette Republique; Les Proprietaires premierement preſtans le ſerment, ou prouuans par des téſmoins deuant les Commiſſaires de la Doüane, ou de leurs Deputez qui ſeront en charge, ou en preſence d'vn des Barons de la Chambre des Comptes, que leſdites marchandiſes ont eſté acheptées en Italie à leurs comptes, & charges propres.

Ordonné par le Parlement que cét Acte ou Arreſt ſoit preſentement imprimé & publié. H. Scobel Clerc du Parlement.

AVTRE ORDONNANCE DV PARLEMENT

d'Angleterre, Pour l'Encouragement du Commerce & de la Nauigation. Publiée à Londres le vingt-huiétiéme Decembre 1656.

D'Avtant que par longue experience on a trouué que l'eſtat proſpere de toutes Iſles, eſt beaucoup maintenu & ſuporté, apres Dieu, par vn Commerce prompt & floriſſant, & par vn iuſte effort & ſoin que le tranſport des

commoditez naturelles du Pays , balance l'apport de celles qui
viennent du dehors : Et d'autant qu'il a plû à Dieu de benir
l'induſtrie & les efforts du peuple de ces Nations , par la grande
amelioration des Marets , Forets , Chaſſes & autres terres,
d'vne ſur-abondante quantité de Blé , beſtail , beurre , fromage,
& autres cõſiderables denrées , qui ſont fort deſirées & vtiles aux
autres Nations , & aux Colonies au dehors ; & que permiſſion
eſtant donnée de les y tranſporter , & les Doüanes eſtant ren-
duës aiſées , leſdites manufactures ſeroient beaucoup augmentées
& le commerce avancé. C'eſt pourquoy S. A. & le Parlement
prenant cela en conſideration , ont ordonné qu'apres le premier
iour de Ianvier prochain , il ſera permis à toutes perſonnes natiues
de cette Republique , ou autres perſonnes quelques qu'elles
ſoient, d'embarquer , porter & tranſporter delà la Mer , ez lieux
qui ſont en amitié auec cette Republique , mais ſeulement des
Places & ports de cét Eſtat , où ſont ou ſeront réſidans des Officiers ou Collecteurs de la Doüane , ou leurs Deputez , & non
autrement , & là vendre , nonobſtant toutes Loix & Statuts à ce
contraires , les commoditez du crû & manufacture de cette Ré-
publique cy-deſſous mentionnées ſans payer aucune Doüane
ou autre droict pour icelles , que ſuiuant la rate cy-deſſous portée.

A Sçavoir , Qu'il ſera permis de tranſporter des Guildings
ou Cheuaux non entiers , en payant pour la Doüane de chacun
20. ſhilings ſterl. par les Anglois natifs , & 30. ſhilings par les
Eſtrangers ; Et au cas que leſdits Cheuaux ſoient tranſportez par
des naturels de cét Eſtat éz Colonies qui en dépendent , ſur Vaiſſeaux appartenans à iceluy , ils ne payeront que 10. ſhilings pour
chacun. Qu'il ſera permis de tranſporter des Bœufs , du Bœuf
ſalé en baril , du Porc en baril , du Lard , du beure , du fromage &
de la chandelle , quand leſdites commoditez ne paſſeront pas les
prix cy-deſſous exprimez , lors & ez Places où elles ſeront em-
barquées ; A ſçauoir , le baril de Bœuf contenant 36. gallons, 5. l.
ſt. le baril ; Celuy de Porc de meſme meſure, 6. l. 10. ſh. le baril ;
La fliche de lard , 6. penins la liure ; Le baril de beurre , de 4.
quarts , chaque quart de 56. l. de beurre net, 4. l. 10. ſh. le baril ;
Le cent peſant de fromage, 1. liu. 10. ſh. & la douzaine de liures
de chandelles, 5. ſh. Pour leſquelles commoditez la Doüane ſe
payera comme s'enſuit : Pour chaque bœuf 6. ſh. 8. p. par les na-

turels, & 10. sh. par les Eſtrangers ; pour chaque baril de Bœuf, 3. sh. par les naturels, & 6. par les Eſtrangers ; pour chaque baril de porc 4. sh. par les naturels, & 6. par les Eſtrangers ; pour chaque fliche de lard 8. p. par les naturels, & 12. par les Eſtrangers ; pour chaque baril de beurre 3. sh. par les naturels, & 6. par les Eſtrangers ; pour chaque cent peſant de fromage contenant 112. l. ſe payeront 12. p. par les naturels, & 18. par les Eſtrangers ; pour chaque douzaine de liures de chandelles, 3. p. par les naturels, & 4. & demy par les Eſtrangers ; pour chaque baril de chandelles, contenant 10. douzaines de liures, 2. sh. par les naturels, & 3. sh. 9. p. par les Eſtrangers. Qu'il ſera permis à tous naturels de cette Republique de tranſporter de leur propre, achepter pour revendre, ſoit és autres Marchez ou ailleurs, garder, vendre, ou tranſporter, & à toutes perſonnes de tranſporter aucuns des Grains ſuiuãs: A ſçauoir, du froment, ſégle, pois, féves, orge, grain preparé pour faire de la Biere, & de l'auoine, quand leſdits Grains ne paſſeront les prix cy-deſſous exprimez, lors & éz lieux où l'on les embarquera ; à ſçauoir, le quart de froment 2. l. ſt. le quart de ſégle, pois & féves, 24. sh. le quart d'orge & grain à faire la biere, 20. sh. le quart d'auoine 16. sh. Pour leſquels Grains la Doüane ſe payera comme s'enſuit ; pour chaque quart de fromẽt 1. sh. par les naturels, & 3. par les eſtrangers ; pour chaque quart de ſégle, pois ou féves, 6. p. par les naturels, & 18. par les eſtrangers ; pour châque quart d'orge ou grain à faire la biere, 6. p. par les naturels, & 18. par les eſtrangers ; pour chaque quart d'avoine 4. p. par les naturels, & 12. par les eſtrangers ; pour chaque quart deſdits grains contenant 8. boiſſeaux, chaque 8. gallons, meſure de Vvincheſter: *A la charge que les naturels tranſporteront leſdits Grains ſur Vaiſſeaux veritablement appartenans à cette Republique.* Qu'il ſera auſſi permis de tranſporter de la Biere, les naturels payans pour la Doüane de chaque tonneau, 2. sh. & les Eſtrangers 6. Qu'il ſera permis de tranſporter toute ſortes de Peaux de Veau preparées ou non, n'excédant pas le poids de 36. liures la douzaine, & le poids de 4. liures par peau: Pour chaque douzaine deſquelles Peaux, les naturels payeront pour Doüane 4. sh. & les eſtrangers 8. L'Intendant de la Doüane, ou le principal Chercheur de chaque Port ou Ville, eſtans enchargez de prendre garde à la recherche, poids, nombre &

emballement defdites Peaux qui devront eftre tranfportées:
Qu'il fera auffi permis de tranfporter des Peaux de Mouton preparées & fans laines : Pour lefquelles les naturels de cette Republique payeront pour Doüane 2. sh. 6. p. pour le cent d'icelles,
& les Eftrangers 5. sh. Et en dernier lieu, Qu'il fera permis de
tranfporter delà la mer, en aucun lieu qui foit en amitié auec cét
Eftat, toute fortes d'armes, à fçauoir, moufquetz, carabines,
harquebufes, piftolets, lames d'efpées & eftocades, gardes d'é-
pées, poignars, bandolieres, fers à piques, fers d'halebardes, ar-
mûres de fer, Selles, mors, bridons, eftriers, fourreaux, & poudre : A la charge que perfonne ne creufe dans les maifons ou terres d'autruy, pour y treuver du Salpeftre, & ne prenne le char-
roy de perfonne pour le tranfport de fes materiaux ou Vaiffeaux,
fans le confentement du Proprietaire, Et que le prix de ladite
poudre n'excede pas 5. liu. ft. le cent pefant, lors & éz lieux où
elle fera embarquée : Pour lefquelles commoditez, la Doüane
fe payera comme s'enfuit ; pour chaque vingtaine de moufquetz,
carabines, harquebufes & piftolets, 6. sh. 8. p. par les naturels,
& 13. sh. 4. p. par les eftrangers ; pour chaque douzaine de lames
d'efpées ou eftocades, 6. p. par les naturels, & 12. par les eftrangers ; pour chaque cent de bandolieres 6. p. par les naturels, &
9. par les eftrangers ; pour chaque douzaine de fers à piques 2. p.
par les naturels, & 9. par les eftrangers ; pour chaque armûre de
de fer, 1. sh. par les naturels, & 18. p. par les eftrangers ; pour
chaque grand' felle 1. sh. par les naturels, & 18. par les eftrangers,
pour chaque autre felle 6. p. par les naturels, & 9. par les eftrangers ; pour chaque douzaine de mors 6. p. par les naturels, & 9.
p. par les eftrangers ; pour chaque douzaine de bridons, 1. p. par
les naturels, & 2. par les eftrangers ; pour chaque douzaine de
paires d'étriers, 2. p. par les naturels, & 3. par les eftrangers ;
pour chaque douzaine de paire de fourreaux, 1. sh. 6. p. par les
naturels, & 2. sh. 6. p. par les eftrangers ; pour chaque cent pefant de poudre, 4. sh. par les naturels, & 8. par les eftrangers :
Lefquelles diuerfes fommes ainfi prifes pour Doüane, feruiront
de pleine & entiere fatisfaction pour toute fortes de Doüanes,
pour lefdits Chevaux, Bœufs, Grains, ou toutes autres commoditez, & manufactures fufdites ; Nonobftant toutes Loix, Statuts,
Vfages, ou Couftumes à ce contraires. A la charge neantmoins,

& eſt ordonné par l'autorité ſuſdite; Que S. A. & ſes Succeſ-
ſeurs, de l'avis & conſentement de leur Conſeil, pourront en
aucun temps cy-aprés, par voye de Proclamation, empeſcher
qu'aucunes perſonnes, en vertu du preſent Acte, ne tranſportent aucuns deſdits Cheuaux, Armes, ou autres munitions ſuſ-
dites, pour le temps qui ſera limité en leur Proclamation; au
préjudice de laquelle il ne ſera permis à aucune perſonne d'en
tranſporter, ſous les meſmes peines & confiſcations portées par
les Loix & Statuts de cette Nation, qui eſtoient en force auant
le preſent Acte; nonobſtant le contenu en iceluy.

DECLARATION DV ROY,

*Du 8. Féurier 1567. Portant deffenſes à tous ſes Subjets
de fretter és Ports de France aucuns Nauires Eſtrangers;
& à tous eſtrangers de Charger eſdits Ports aucunes
Marchandiſes de France, que ſur Vaiſſeaux François.*

CHARLES par la grace de Dieu, Roy de France; A
tous ceux qui ces preſentes Lettres verront, Salut. N o s
Predeceſſeurs aduertis de ce que pluſieurs Roys & Princes eſtrangers, entre autres les Roys de Caſtille, d'Arragon,
Portugal, Angleterre, & autres, auroient fait en leurs Royaumes, Terres & Pays de leur obeïſſance, certains Statuts
& Edicts, par leſquels eſtoit eſtroitement inhibé & deffendu à leurs Subjets de fretter aucuns Nauires & Vaiſſeaux
eſtrangers, pour tirer & emporter aucunes Marchandiſes hors
leſdits Pays; & pareillement aux Eſtrangers, meſmement à
noſdits Subjets, de ne charger, prendre, receuoir & recueillir
aucuns biens & marchandiſes deſdits Pays en leurs propres
Vaiſſeaux & Nauires, ſans congé du Roy des Pays, le tout ſur
peine de confiſcation deſdits Nauires, biens & marchandiſes,
Et que l'occaſion deſdits Statuts eſtoit pour totalement deſ-
truire & ruiner le nauigage de ce Royaume, & par conſequent
le fret & traffic des Marchandiſes d'iceluy; auroient fait ſemblables Statuts & Edicts, qu'ils auroient auſſi ordonné d'eſtre
obſeruez en noſtredit Royaume, leſquels encores qu'ils ayent
eſté confirmez & approuuez par le feu Roy François noſtre

ayeul, que Dieu abſolue; toutefois nous ſommes aduertis qu'ils
y ſont tres-mal gardez & obſeruez, encores que le ſemblable
ne ſe faſſe eſdits Royaumes : de ſorte que noſdits Subjets ſont
aujourd'huy contraints laiſſer perir leurſdits Nauires & Vaiſſeaux, & abandonner leur traffic & marchandiſes à leur grand
intereſt, perte & dommage de noſtre Royaume. A quoy de-
ſirans pouruoir, Avons en ſuiuant l'Ordonnance de noſdits
Predeceſſeurs, que nous auons fait voir en noſtre Conſeil Priué,
& icelle confirmée derechef, Dict & ordonné, Diſons & ordonnons, Voulons & nous plaiſt, Que d'oreſnauant il ne ſera
permis ny loiſible à aucuns de nos Subjets de noſtre Royaume,
Pays, Terres & Seigneuries de noſtre obeïſſance, de charger ny
fretter aucuns Nauires eſtrangers, ny par iceux tirer & emporter,
ny ſouffert eſtre tiré ny emporté hors de noſtredit Royaume,
Pays, Terres & Seigneuries de noſtre obeïſſance, aucunes marchandiſes ne biens quelconques ; ne pareillement aux Eſtrangers, ſoit Marchands, Maiſtres de Nauires, Mariniers ou autres,
de prendre, charger, receuoir, recueillir & accepter en leurs
Nauires & Vaiſſeaux, & autres, qu'en ceux de noſdits Pays,
aucunes marchandiſes ny biens quelconques, à peine de confiſcation des Nauires & Vaiſſeaux, enſemble deſdits biens &
marchandiſes, applicables moitié à Nous, & moitié au dénon-
ciateur ; Voulant qu'en ce & en tous autres choſes, les Eſtrangers ſoient traittez en cettuy noſtredit Royaume, en la forme
& maniere que noſdits Subjets le ſont ou ſeront auſdits Royaumes
de Caſtille, Arragon, Angleterre, Portugal, & autres Pays
reſpectiuement. Si donnons en mandement, &c. Donne à
Paris le huict Février, l'an de grace mil cinq cens ſoixante-ſept,
& de noſtre regne le ſeptieme. Ainſi ſigné ſur le reply, Par le Roy
en ſon Conſeil, BVRGENSIS. Et ſcellé de cire jaune.

*Leuës, publiées & regiſtrées, ce requerant le Procureur General
du Roy, auquel ladite Cour a decerné & decerne coppies deſdites
Lettres deuement collationnées à l'original, auſquelles Coppies foy ſera
adjouſtée comme audit original, pour eſtre enuoyées par les Ports &
Haures de ce reſſort, & y eſtre leuës & publiées à ſon de trompe &
cry public, à ce qu'aucu n'en pretende cauſe d'ignorance. Faict en Parlement, le vingt-ſix d'Aouſt 1567. Ainſi ſigné, DV TILLET.*

ARREST

ARREST DE LA COVR DE PARLEMENT
DE ROVEN, du 10. Iuin 1617.

*Portant que les Marchandiſes qui ſont à charger ez Ports
& Havres de ce Royaume, ſeront Chargées ſur Nauires
François priuatiuement à tous Eſtrangers.*

Extraict des Regiſtres de Parlement.

NTRE GVILLAVME HOFMAN,
André Henry, Iean Vanlibergue, Adam Raye,
Iean Vanens, François Vandertombe, Iacques
Bolle, François Vanmarque, Iean de May,
Adrian Fix, & Henry Mas, Marchands Fla-
mans & Hollandois demeurans à Roüen, tant
pour eux que pour les autres Marchands Fla-
mans, Holandois, Zelandois, & autres Habitans des Prouinces
vnies des Pays-bas, demeurans audit Roüen. Leonard Corneille,
Dord Deuxſon, Mathieu Iacobſon, Corneille Corneille, & Gi-
nard Guillaume, Maiſtres de Nauires Flamans, & Edouart Dan,
& Richard Delimbrey, Marchands Anglois demeurans en cette
Ville, & Georges Clerſon, Maiſtre de Nauire Anglois de la
Ville de Londres, Appellans de Sentence donnée par les Gens
tenans l'Admirauté au Siege General de la Table de Marbre
du Palais à Roüen, le troiſiéme iour de ce mois : Par laquelle veu
ce qui reſulte des Articles accordez entre les Roys de France &
de la grand' Bretagne en l'an mil ſix cens ſix, & Arreſt de la Cour
interuenu ſur la verification deſdits Articles dudit mois de Decembre mil ſix cens ſept. Autre Ordonnance du Roy Charles
neufiéme de l'an mil cinq cens ſoixante-ſept, Et auparauant
faire droict ſur laquelle Requeſte preſentée par les Capitaines &
Maiſtres de Nauires François, tendant à auoir pareil priuilege
en France, que les Eſtrangers ont auſdits pays d'Angleterre,
Holande & Zelande, les parties ont eſté renuoyées au mois
pardeuers le Roy, pour ſupplier ſa Majeſté leuer les defenſes cy-
deuant faites tant par ledit Seigneur Roy d'Angleterre audit

I

mois d’Avril 1615. Que par les Iuges & Officiers d’Amſterdam pays de Flandres, contre & depuis leſdits accords & articles ar_reſtez entre leſdites Majeſtez, au grand préjudice deſdits Capi_taines & Maiſtres de Nauires François, afin qu’en ce faiſant leſ_dits Capitaines & Maiſtres de Nauires François puiſſent jouïr de ſemblables franchiſes & libertez auſdits Pays d’Angle_terre, Flandres, Holande & Zelande, que leſdits Capitaines & Maiſtres de Nauires eſtrangers font en ce Royaume ſuiuant leſ_dits Articles : Et cependant par prouiſion inhibitions & défenſes faites à tous Marchands, tant François qu’eſtrangers, Fermiers ou Commis du grand party du Sel de cette Prouince, de fretter ſoit en cette Ville, Broüage, la Rochelle, ou autres lieux : au_cuns Capitaines ny Maiſtres de Nauires eſtrangers, ſoit d’An_gleterre, Holande, Zelande, ou autres, ny dans leſdits Nauires charger ny faire charger aucunes marchandiſes ny Sel, au pre_judice deſdits Capitaines & Maiſtres de Nauires François pen_dant qu’il y en aura auxPorts & havres de cetteProuince,pour les apporter ſoit en ce Royaume, ou auſdits pays d’Angleterre, Ho_lande, Zelande, ou autres pays eſtrangers, à peine de côfiſcation deſdits Nauires & marchandiſes, & autres peines portées par la_dite Ordonnance de l’an 567. juſques à ce qu’autrement par ſa Majeſté en ait eſté ordonné; A la charge de bien & deuëment ſeruir par leſdits Capitaines & Maiſtres de Nauires, leſdits Mar_chands, Fermiers & commis, ſur les peines au cas appartenant; Et que ladite Ordonnance ſeroit leuë & publiée ſur les quais de ladite Ville, Bourſe des Marchands, & autres endroits à ce ac_couſtumez, & par tout ailleurs où bon ſemblera auſdits Capi_taines & Maiſtres de Nauires François, Et que les coppies d’icelle Ordonnance ſeront enuoyées par tous les Ports & Havres de la Prouince, leus & publiez, à ce qu’aucun n’en pre_tende cauſe d’ignorance : Que d’autre Sentence donnée audit Siege d’Admirauté en conſequence d’icelle du cinquiéme dudit mois, Comparans à ſçauoir, leſdits Marchands & Maiſtres de Nauires Flamans, Holandois, & Zelandois, par Maiſtre Guillau_me Leſperon leur Procureur; Et leſdits Marchands & Maiſtres de Nauires Anglois, par Maiſtre Michel Chreſtien leur Procu_reur d’autre : Et Michel le Painteur Capitaine de Nauire de Quillebœuf, Lucas du Puys, Iean Petit, Iacques Vincent,Char_ les Goffe, Nicolas Bonhomme, Anthoine Sueft, Loys Michel, Pierre de Nefle, Iacques Vattier, Thomas Vincent, Charles Touffet, Guillaume du Puys, Iean Billard, Iean du Tac, Charles le Lievre, Nicolas Doublet, Dauid le Mefle, Nicolas Goffe, Pierre Truquetil, Robert Dumonftier, Iean Bacheler, Louys Michel le jeune, Iean Poicteuin, Oliuier Perrotin, Tous Capitaiaes & Maiftres de Nauires des Villes de Roüen, Havre, Diepe, Honfleur, Quillebeuf, Vatteville, Fefcamp, & S. Vàllery en la Prouince de Normandie, Intimez, Comparans par Maiftre Robert du Boos leur Procureur, d'autre-part; En la prefence de Nicolas de Bauquemare, Capitaine entretenu pour le Roy en la Marine, pris à partie par lefdits Marchands Flamans, comparant en perfonne, & par ledit du Boos fon Procureur. Aprés auoir particulierement ouy les Confeillers Efcheuins, & le Procureur Syndic des Marchands de cette Ville de Roüen pour ce mandez, qui ont dit : A fçauoir lefdits Efcheuins comparans par Halley & Surgis, deux d'iceux; Qu'il auroit efté fur ce fait affemblée des vingt-quatre du Confeil de ladite Ville, appellez plufieurs notables Bourgeois d'icelle le huictiéme Iuin dernier, en laquelle auroit efté refolu & arrefté, attendu qu'il eft queftion de la contrauention faite aux accords d'entre le Roy & aucuns Princes eftrangers, & de pourvoir à ce que les fubjets de fa Majefté reçoiuent pareil traittement aux Prouinces eftrangeres que font en France les fubjets defdits Princes; Ladite Ville eft d'aduis que les Maiftres de Nauires François fe retirent pardeuers fadite Majefté, pour leur eftre pourueu, & ce à l'adjonction du Procureur des Eftats de Normandie, Et cependant que ladite Cour feroit fuppliée de tenir la main à l'obferuation des Edicts, Concordats & liberté du trafficq : Et par le Procureur Syndic defdits Marchands, qu'il auroit efté trouué par l'aduis de leur Compagnie vniforme, Que pour le bien de l'Eftat & profit des fubjets de fa Majefté, les Nauires François doiuent preferer en France aux Carquaifons de marchandifes les Nauires eftrangers; Pource qu'il fe remarque que depuis quinze ou vingt ans, pour la liberté que les eftrangers fe font attribuez au prejudice des Ordonnances Royaux, plufieurs Capitaines, Maiftres de Nauires, Pilotes & Mariniers, fe feroient retirez les vns de la nauigation, & les autres hors le Royaume, pour n'eftre fuffifamment

I ij

employez. DE CAHAIGNES Aduocat pour les Marchands
Flamans appellans, A dit que la Cour par l'Arreſt du ſixiéme
iour de ce mois, ayant ordonné que les Conſeillers, Eſcheuins,
& le Syndic des Marchands de Roüen ſeroient appellez, pour en
leur preſence eſtre decidé l'appel qui ſe preſente, jugeant la conſequence de cét affaire qui touche la liberté du Commerce, a
prejugé la precipitation, ou pluſtoſt la nullité du pretendu Reglement general, porté par la Sentence donnée par les Gens
tenans l'Admirauté audit Siege general de la Table de Marbre
du Palais, lequel doit contenir que par prouiſion defenſes ſont
faites à tous Marchands tant François qu'eſtrangers, Fermiers
ou Commis du grand party du Sel de cette Prouince, de freter
ſoit en cette Ville, Broüage, la Rochelle ou autres lieux : aucuns
Capitaines ny Maiſtres de Nauires eſtrangers, ſoit de Holande,
Zelande ou autres, ny dans leſdits Nauires charger ou faire charger aucunes marchandiſes ny Sel au prejudice deſdits Capitaines
& Maiſtres de Nauires François, pendant qu'il y en aura aux
Portz & Havres de cette Prouince, pour les porter ſoit en ce
Royaume ou auſdits pays eſtrangers, à peine de confiſcation des
Nauires & marchãdiſes, de ce pretendu reglement general dõné
par vn Iuge inferieur, ſur vne Requeſte de quelques Capitaines
& Maiſtres de nauires, ſuſcité & ſtipulé par Nicolas de Bauquemare, ayant pris qualité de zelateur de la liberté Françoiſe, non
cõmuniqué au Syndic des Marchands de Roüen, Contre les con-
cluſiõs des Subſtituts du Procureur general du Roy, publié le penultiéme jour de la foire de Pétecoſte : Les appellãs qui trafiquent
aux Prouinces eſtrangeres pour plus de cinq cens mil eſcus, ayant
eu cognoiſſance par l'affiche qu'i'en a eſté faite aux places publiques, & par l'execution dudit pretendu Reglement, meſme par
ledit de Bauquemare, lequel auroit fait ſaiſir & arreſter ſix Nauires ja fretez & chargez, & empeſcher le fret & charge de pluſieurs autres eſtãs ſur les Quais & ports de ladite Ville de Roüen;
Et ayans demandé pour la conſequence de l'affaire, eſtre ouys en
la Cour en la preſence des Iuges de l'Admirauté, & des Capitaines & Maiſtres de nauires François, Ils ont eſté par la Cour re-
çeus appellans, maintiennent que ce pretendu Reglement general ne peut ſubſiſter, pour le grand prejudice qu'il apporte à la
liberté du Commerce, non en cette Prouince, non en ce Royau-

me feulement, mais par toutes les Nations du monde : Souftien-
nent qu'à caufe de leur qualité, & que nos Rois Tres-Chreftiens
ont tousjours pour grandes confiderations, tenus & reprefentez
pour vrais François, doit empefcher qu'ils ne foient traictez
comme eftrangers ; Que les traittez qui ont efté faits, & lefquels
font notoires à chacun y refiftent, & qu'ils doiuent en ce Royaume jouyr fouz l'authorité du Roy, des mefmes droits & libertez
dont jouïffent les François aux ports de Flandre, Holande & Zelande: Car fi on confidere qu'entre les diuers moyens par lefquels
chaque nation, chaque Prouince, chaque Ville eft paruenuë en
quelque degré d'honneur, & s'eft renduë floriffante & admirable, le Commerce eft l'vn dès principaux, & tient l'vn des premiers rangs? Parce que la Nature mere pleine de prudence, ayant
tellemēt diftribué fes richeffes, qu'elle n'a voulu les faire paroitre
toutes en mefme lieu, a iugé le traffic neceffaire pour le bien cō-
mun & pour la focieté humaine, comme donnant la communication auec toutes fortes de Nations, la cognoiffance des peuples
les plus efloignez defchargeant chaque Royaume de ce qui eft
fuperflu, le fourniffant de ce qui eft rare, nourriffant & entretenant tous les Citoyens : Il s'enfuit qu'il eft de tres-grande confequence, & qu'on ne doit legerement & auec peu de confideration toucher ce qui concerne la liberté d'iceluy, & la connoiffance d'affaires de telle importance, ne doit pas dépen-
dre de trois ou quatre Iuges inferieurs, lefquels ont d'ailleurs
deub recognoiftre que ce Reglement violle & enfraint les Traittez de ce Royaume auec plufieurs Nations alliez : Traictez lefquels comme ils ont efté arreftez par le prudent aduis de perfonnes fignalez, choifis & deputez de chaque Royaume & nation, auffi tout ce qui en dépend ne pouuoit eftre decidé par ce
petit nombre de Iuges d'Admirauté, aufquels fi l'affaire fembloit
prouifoire, il eftoit facile eftans fi proches d'en propofer à la Cour
la difficulté & l'importance, pour y apporter le remede neceffaire ; ainfi ledit Siege d'Admirauté eftoit incompetent de donner ce pretendu Reglement general. Mais encore quand les appellans confiderent en quelque qualité ils viuent en France, ils
fentent au mefme temps que leur douleur augmente, & que le
grief qui leur a efté fait paroift plus grand; l'Hiftoire apprend
aux bons François, que le Pays de Flandres eft de l'ancien Patri-

moine de la Couronne de France, ayant efté erigé en Comté par le Roy Charles le Chauue, lequel le bailla en faueur de Mariage à Iudith fa fille, qui efpouza Baudouyn fur-nommé Bradefer, & à la charge du ferment de fidelité & hommage lige, aux Roys Tres-Chreftiens, & du reffort du Parlement de Paris; de forte que ceux qui font nez en ce Pays, ne font reputez Aubains en France, mais font de droict & d'origine François, comme nez en vn Pays où le Roy Tres-chreftien a droict & qui legitimement luy appartient, Et pour ce fubjet les Flamans n'obtiennent point lettres de naturalité comme les autres nations, Mais fimple lettres de declaration entant que befoin feroit, pour jouïr des droits & priuileges des vrays & naturels François; Neantmoins en ce pretendu Reglement general, les appellans font compris & employez comme eftrangers, font jugez tels, & priuez des priuileges qui leur ont efté accordez par les traictez: La Cour peut iuger combien la confequence de cette affaire importe à tous les Marchands Flamens, lefquels fi ce pretendu Reglement general euft efté donné auant la foire ou au commencement d'icelle, fe fuffent pourueuz ou pardeuers fa Majefté, ou en la Cour, auec efperance d'eftre recognus & traictez comme vrays François. Mais pour les penfer priuer de ce pouruoy, la Requefte des Capitaines ou Maiftres de Nauire françois n'a efté à deffain par eux prefentée que trois iours deuant la fin de la foire, le mefme iour communiquée aufdits Subftituts du Procureur General du Roy, qui ont demandé qu'elle fuft communiquée au Syndic des Marchands: contre leurs conclufions & fans communication au Syndic, Ce pretendu Reglement general a efté donné le penultiéme iour de la foire, publié le mefme iour & affiché par les Places publiques, eftimé par fes Capitaines & Maiftres de Nauires François, comme vn feu fainct Elmie qui apparoift au feu de quelque grand orage. Le deffein de ces Capitaines & Maiftres de Nauires François, & des Iuges qui ont donné le pretendu Reglement, eftoit que la publication n'en eftant faite que le penultiéme iour de la foire, Cela obligeoit par neceffité les Marchands Flamans qui font vn tres-grand traffic, de quitter les Nauires Flamans, & de charger leurs marchandifes dans les Nauires François, tant pour fuiure, à peine de grands interefts, l'ordre qui leur eft donné par leurs correfpondans & facteurs en chaque Port ou Havre de

Mer, que pour fe defcharger des droicts qu’ils font tenus payer quand leurs marchandifes ne font chargées dans le temps de la foire. Et en la confpiration de ce deffein, ces Capitaines de Nauires François auoient auffi arrefté entre eux, comme par monopolle, le prix qu’ils deuoient prendre pour le fret des Nauires & port de marchandifes, Et lequel comme ils ne fçauroient le mefcognoiftre, eft tellement exceffif qu’il furpaffe de moitié le fret des Nauires Flamans : Ce qui peut diminuer & alterer le Commerce, & apporter vn grand prejudice, non feulement aux Marchands Flamans, mais auffi à tous les François, & autres traffiquans de quelque nation qu’ils foient. Ils ne doutent point que les inthimez ne s’arreftent fur deux poincts principaux, pour fouftenir & defendre ce pretendu Reglement general ; Le premier, qu’il eft fondé fur le rapport qui a efté fait qu’en Flandre, Holande & Zelande, & en Angleterre, les Capitaines & Maiftres de Nauires François font ainfi traittez aufdites Nations eftrangeres, & qu’il eft defendu de fretter & charger aucun Nauire François, jufques à ce que les Nauires du pays ayent efté frettez & chargez ; Le fecond, que ce pretendu Reglement n’eft que prouifoire, & en attendant que fa Majefté y ait donné vn Reglement general & certain. Quant au premier, eft-ce point auoir jugé auec trop de precipitation? d’auoir donné fur le fimple Rapport d’vn feul homme & allegation de Bouquemare, vn Reglement general fi important au bien public, Rapport qui fe trouuera plain de calomnie & de fuppofition, par ce que les appellans feront attefter, & en attendant ce, bailleront caution de cent mil efcus, Qu’en tous les ports des Prouinces vnies des Eftats les Capitaines & Maiftres de Nauire de Holande alliez auec la Couronne de France, & tous Marchands tant François qu’autres fretent & chargent indifferamment toutes fortes de Nauires foit du pays ou eftrangers, & y jouïffent les François des mefmes droits & priuileges que les marchands du pays, Pourquoy donc? quand les Flamens feroient eftrangers (comme non) ne leur accordera-on en la France les mefmes droits que les François ont en Flandres ; Mais pluftoft quand ce fuppofé rapport feroit veritable (comme non) les Iuges de l’Admirauté qui n’ont aucune marque de Iuftice fouueraine, Auront ils ce pouuoir que d’admettre ou declarer vn droit de Reprefailles, qui ne

depend que de la feulle auctorité Royale ? Authotité laquelle
encore qu'elle foit fouueraine, eft neantmoins fi bien reglée en
France qu'on n'eft jamais venu à ce point qu'à toute extrêmité,
tant eft grande la clemence & debonnaireté de nos Roys, Par
quelle raifon donc peut-on defendre ce pretendu Reglement
foubs pretexte d'vn droit de Reprefailles ? Refte le fecond point
& derniere defenfe des inthimez , que ce Iugement n'eft que
prouifoire , Mais quelle apparence à vn Iuge inferieur d'auoir
prononcé contre la liberté du Commerce, & contre les traictez
jufques à prefent fi inuiolablement gardez en France ? que chaque marchand a efté tousjours libre de freter & charger tel Nauire qu'il à defiré pour fa commodité, & puifque tous nos deffeins & nos vœux doiuent tendre a maintenir cette heureufe paix,
que les armes victorieufes de Henry le Grand & l'incomparable
(de tres-heureufe memoire) ont donné à la France, falloit-il pas
pluftoft prononcer pour la liberté ? & maintenant les grandes
alliances que la prudence de noftre grand Roy, en fes jeunes ans
fe monftrant le vray fucceffeur de Henry le Grand a conferuée
pour la fplendeur de fon Royaume & le bien de tous fes fubjets,
afin qu'on dife de luy ce qu'on a dit de Trajan, que la liberté qu'il
auoit apporté au Commerce, le rendoit admirable, faifant voir
en toutes les nations en abondance ce que la terre n'y produit
jamais : Partant concluent, à ce que faifant droit fur leurdit appel,
il foit dit par la Cour qu'il a efté mal, nullement & incompetem-
ment jugé, que ledit pretendu Reglement general fera caffé, &
en refformant que lefdits Marchands Flamans appellans, jouï-
ront de la mefme liberté dont jufques à prefent ils ont joüy en
leur commerce, Et en ce faifant en les maintenant aux priuileges
portez par les Traictez, ils feront tenus de fretter & charger in-
differemment tels Nauires qu'ils aduiferont bien eftre pour leur
commodité, foient François, Flamans, ou autres, & demandent
defpens contre lefdits inthimez, lefquels eftans pauures Maiftres
de nauires & Mariniers fans domicile certain , & fans aucuns
biens : Il fouftiennent que la condemnation qui leur fera adjugée
defdits defpens, fera fubfidiairement prife fur ledit de Bauquemare, comme ayant donné aduis de cette pourfuitte aufdits
Maiftres de nauires François, icelle conduite & ayant parlé comme vraye partie , auec leurs interefts & defpens , tant contre
lefdits

lefdits Maiftres François que ledit de Bauquemare, lequel feul à fufcité ledit procés, & s'eft furnommé Maiftre de nauire, qui font gens de paille & de neant, pour & infuffifans de refpondre des interefts des appellans, qu'ils eftiment à cent mil efcus. Par COQVEREL Aduocat pour les Maiftres de nauire Flamans, Holandois & Zelandois, & autres fubjets des Prouinces vnies des Pays-bas ; A efté dit, que leur intereft eftant aucunement conjoint auec celuy des Marchands qui font les premiers appellans les raifons par eux plaidez leur font communes, Outre lefquelles il fupplie la Cour, de confiderer la confequence de ce pretendu Reglement, qui va à la ruine entiere du Commerce, & à l'infraction des Traictez & alliances entre les Princes & Prouinces confederées ; que l'on a tousjours tenu que le traffic & commerce eftoit du droit des Gens libre à vn chacun, & principallement en ce Royaume, plain de franchife & de liberté, & où les eftrangers ont efté jufques à prefent auffi fauorablement traictez qu'en lieu du monde, qui fait que de tous coftez il y afluent & apportent non point feulement ce qu'ils ont chez eux, Mais ce qu'ils vont chercher aux pays les plus recullez, & aux derniers coins de la terre, & particulierement les Holandois, lefquels femblent auoir en cela quelque aduantage fur les autres peuples, & eftre nez à la nauigation pour l'habitude, & afin d'vfer des termes d'vn ancien parlant d'eux, pour la familiarité qu'ils ont auec les perils de la Mer, que fi apres auoir rifqué & couru les hazards de la Mer pour venir en France, & luy apporter les defpoüilles des autres peuples, & les richeffes de l'Orient & de l'Occident, que nous n'auons prefque que par leur moyen, ils eftoient contraints de s'en retourner vuides & fans rien remporter, ou d'attendre auec leur ruine le rebut des nauires François, ne pouuant fretter leurs Nauires, ny charger aucune marchandife qu'apres leur refus, on ne verroit plus de nauires Holandois ny d'aucuns eftrangers en France, dont bien-toft nous refentirons les effects tant par la ceffation du Commerce, qui ne fe peut entretenir que par vne mutuelle correfpondance, que par les monopolles qui pourroient eftre faites par les Maiftres de nauire François par les mains defquels les marchands eftans obligez de paffer, ils leur donneroient bien-toft la loy à leur fantaifie ; Et ce qu'ils font trâfporter pour cent efcus, ne le feroit pas pour mille. Telle-

K

mènt que ce feroit la ruïne autant des François que des autres,
lefquels auffi ne feroient pas mieux traictez ailleurs fi entre peuples la condition doit eftre efgale. Ces raifons font fondées fur
des confiderations generalles , fur la neceffité du traffic & la
liberté du Commerce entre tous les peuples, Mais fi on vient
aux particulieres confiderations des Holandois & autres fubjets
des eftats, l'injuftice de ce Reglement & l'entreprife de celuy
qui la fait eft intollerable, Les appellans ne peuuent permettre
qu'on leur donne la qualité d'eftrangers en France, & que les
defenfes faites aux eftrangers s'eftendent fur eux, comme il eft
porté par ce Reglement ; La Cour fçait la difference qui eft
entre le Citoyen, l'allié & l'eftranger, On fçait bien qu'ils font
& d'origine, & de courage vrayement François, que l'alliance
efgalle traictée entre nos Roys & les Seigneurs des Eftats, leur
ont communiqué tous les droits & priuileges des Citoyens originaires & vrays fubjets, fans qu'il foit befoin de Lettres de naturalité, ny aux fubjets des Prouinces vnies en France, ny aux
François dans les Pays-bas, Ce qui eft expreffément porté au
dixiefme article du traicté & confederation fait entre le Roy
Henry le Grand & les Seigneurs des Eftats, & confirmé par les
Lettres Patentes du mefme Roy, données au Camp d'Amiens
en l'an 1597. verifiées en toutes les Cous fouueraines de la France,
Traictés qui regardent l'alliance & confederation generale entre
ces peuples : Mais quand à ce qui concerne le fait du Commerce,
auant mefme la ligue & confederation par eux faite auec nos
Roys, ils auoient efté compris en l'alliance des Marchands &
habitans de la Hance Teutonicque, qui eft vne des plus anciennes alliances de la France, renouuellée par tous nos Roys, &
particulierement par ce grand Henry en l'an 1604. qui fit verifier leurs priuileges au Parlement de Paris, priuileges qui leur
donnent la mefme liberté en France qu'aux naturels & originaires François, Les appellans fçauent bien que la condition
doit eftre efgalle entre les alliez, & eft ce qu'ils demandent, &
ne defirent point vn plus fauorable traictement en France, que
les François en reçoiuent en leur pays, quelques impoftures &
allegations calomnieufes que l'on mette en aduant & y hazarde-
roient & leur vie & leurs biens, offrant mefmes de bailler caution
de cent mil efcus pour les interefts que pourroient fouffrir les

Marchands & Maiftres de nauire qui font en Holande & ailleurs dans l'eftenduë des pays-bas, & que l'on ne les trouble pas en leur franchife : Et donne fubjet de faire la plainte que faifoient autresfois quelques-vns des alliez des Romains au Sénat, *qui fub ymbra fœderis æqui feruitutem patiebantur*, Bauquemare feul en qualité de zelateur de la liberté des François, qualité qui ne peut fans temerité prendre en la face de la Cour, attefte que l'on vit ainfi en Holande, fe rend tefmoin & partie, pour troubler le repos & rompre l'vnion de deux peuples, eftant fecondé de deux ou trois Matelots de Quillebœuf, perfonnes de neant, qui mefurent l'interest du public à leur profit particulier, & les confiderations d'eftat à leur paffion, Les appellans pourroient auec fubjet dire ce que faifoit vn Romain fur vne allegation fauffe, *Rutillius dicit, fcaurus negat, Ytri credetis quirites* : Mais ils fçauent bien que la Cour ne juge point fur des paroles, auant que de juger il faut connoiftre où font les Reglemens qui ont efté faits en Holande de pareille entreprife que celuy-cy, où en font les plaintes qui en ont efté faites ou par les Marchands, ou par les Maiftres de nauires, le Lieutenant de l'Admiral n'en a veu aucunes pour pretexter fon beau reglement : Mais quand il y auroit quelque fubjet de plainte, ce qui eft-defnié abfolument, & par faict contraire voulu verifier & prouuer, que les François jouïffent non feulement pour ce qui concerne la liberté du Commerce, mais en toute autre chofe des mefmes droits franchifes & libertez que les originaires du pays, à qui feroit-ce d'y pouruoir ? les Iuges inferieurs ont leur puiffance bornée & limittée, ils peuuent faire entretenir la volonté du Roy, executer les Edits & Ordonnances, mais d'y apporter du changement & donner des Reglemens contraires, quelque raifon & confideration que l'on mette en auant, c'eft vn acte de fouueraineté : Qui a jamais ouy parler d'vne pareille Requefte adreffée à vn Iuge inferieur, d'accorder aux François de pareils priuileges en France que les eftrãgers ont en leur pays, les priuileges dépendent d'vn Prince feul, comme actes de plaine fouueraineté, & la faute eft beaucoup plus grande & puniffable, d'auoir refpondu vne telle Requefte que de l'auoir prefentée, S'il y a contrauention audit traicté, c'eft au Roy feul d'en connoiftre, qui doit conferuer les fiens en leurs franchifes, & les eftrangers en leurs priuileges, & y pouruoir felon l'exigence des cas : L'on a veu affez de fois que les Princes eftrangers ont fait des loix & Edits prejudiciables à la liberté du Commerce ; Mais les Iuges inferieurs n'en ont pas reçeu les plaintes, & n'y ont pas pourueu. Quand l'on a hauffé l'impofition foraine, & en Efpagne & en Angleterre, les Iuges des Aydes n'en ont pas fait le mefme ; Quand la Reyne d'Angleterre fift defenfes de tranfporter de fes Pays aucunes denrées cruës, comme laine, fil, acier, plomb, & autres femblables, Il euft fait bon voir que les petits Iuges euffent fait le femblable : Nous lifons qu'au mefme temps le Roy d'Efpagne fit vne femblable ordonnance pour luy rendre la pareille, & que le Roy Henry deuxiéme, apres vne infinité de remonftrances, y vouluft auffi pouruoir par Edict de l'an 1552. pour le regard des laines feulement ; Mais qu'vn fimple Iuge de l'Admirauté y touchaft, cela eft fans exemple : Il auroit autant de fubjet de faire defenfes de tranfporter aucunes marchandifes, finon qu'elles fuffent ouurées, pour rendre la pareille aux Anglois ; Bref de compiler les Ordonnances & reglemens des Peuples eftrangers pour en faire de femblables. Or les Traictez & confederations, quoy qu'ils aillent à l'intereft d'vn chacun, & à la conferuation des particuliers : Neantmoins l'entretien ou diffolution d'iceux, ne dépend que de la perfonne des Princes, non plus que la conceffion & priuation des priuileges, tant aux fubjets qu'aux eftrangers ou alliez ; d'où vient que Richard fils du Roy d'Angleterre en la confirmation des priuileges par luy faite aux Rochelois, n'y employa que foy-mefme pour tefmoing, pour monftrer, difoit-il, que le tout dépendoit de luy feul, & qu'aucun autre n'en deuoit cognoiftre. Et d'autant que le Roy a departy à la Cour la fouueraineté de fa Iuftice, & que c'eft à elle à maintenir les fubjets & alliez de ce Royaume en l'obferuation des Edicts & Ordonnances, & en l'vnion & concorde en laquelle les appellans defirent viure ; Ils ont appellé de ce pretendu reglement, à la caffation duquel ils concluent auec leurs defpens & interefts, qu'ils eftiment à cent mil efcus, tant contre lefdits Matelotz & Maiftres de Nauires, que contre ledit de Bauquemare, comme inftigateur & la feule caufe de ce défordre, lequel mefme s'eft prefenté volontairement en la caufe pour le fouftient dudit reglement. CRESTIEN pour lefdits Marchands, & Maiftres de

Nauires Anglois a dit ; Qu'encore qu'ils prétendent jouïr de mefmes priuileges & libertez que tous les autres Marchands Flamans &'Holandois, veu le Traicté fait entre les Rois de France & de la grand' Bretagne., auquel ils méconnoiffent que l'on ait jamais contreuenu en leur Pays, où les Marchands & Maiftres de Nauires François viuent en toute liberté, & ont les mefmes priuileges que les originaires, & que partant ils ayent le mefme intereft que les autres, pour appeller dudit Reglement & en pourfuiure la caffation ; neantmoins ils ne s'eftoient point voulu engager en ce procés, croyant que le Procureur General, lequel y a le principal intereft pour l'obferuation defdits Traictez & pour le repos du public, ne permettroit vne telle entreprife, faite encor par vn Iuge inferieur; fe referuans d'en faire leurs plaintes en temps & lieu : Neantmoins ledit Bauquemare pour les engager en ce procés, auroit auec quelques Matelots de Quilleboeuf, fait arrefter vn Nauire ja chargé & freté, & hors la banlieuë pour faire fon retour en Angleterre, pretendant qu'ils auroient contreuenu audit reglement, & à l'Arreft prouifoire interuenu en fuite d'iceluy ; quoy qu'ils iuftifient par le congé tant des Fermiers de l'Impofition foraine que du Lieutenant de l'Admirauté, qu'ils auroient chargé leurdit Nauire & mené hors la banlieuë auant ledit Arreft & à la fin de la Foire. Arreft qui eft tellement prejudiciable aufdits defendeurs, que ledit Nauire ne pourra fortir hors ladite Riuiere dans le temps limité pour acquérir la franchife de la foire, & s'exempter des droits de l'impofition foraine, enquoy il fouftient vn grand prejudice : Et partant fouftiennent que ledit Arreft doit eftre declaré tortionnaire, & doiuent auoir main-leuée de leurdit Nauire arrefté. Et d'autant qu'au principal ils ont vn pareil intereft que les Marchands Flamans, Holandois & autres, & que lefdits Anglois font fondez aux Traittez faits entre les Rois de France & d'Angleterre, Ils fupplient la Cour les reçeuoir appellans dudit Reglement, les tenir pour bien releuez, s'aydant des raifons ja plaidées ; & conclüent que ledit Reglement doit eftre caffé, & que defenfes doiuent eftre faites audit Lieutenant de l'Admirauté & tous autres, de les troubler en la liberté du Commerce, auec interefts & defpens, tant contre ledit Bauquemare, que Matelotz. Et par Lesdos Aduocat pour lefdits Maiftres de Nauires François a esté dit, Que si les appellans auoient consideré les fins de la Requeste presentée par lesdits Capitaines & Maîtres de Nauires François, sur laquelle s'est ensuiuy le Iugement dont est l'appel, auroient recognu que les Intimez n'ont point desiré troubler ny empescher la liberté du Commerce, ny contreuenir aux Edicts & Traittez faits par sa Majesté, mais seulement ont demandé estre maintenus aux droits & priuileges qui leur appartiennent, par les loix de l'Estat & Ordonnances de ce Royaume. Donc les Rois de France ayans consideré que pour leur interest il estoit necessaire d'entretenir le Commerce, conseruer la negociation & nauigation en France, mesmes pour l'hōneur de la nation, les François s'estant tousjours fait paroistre sur la Mer comme le Maistre des eauës, Tesmoin ce vers de Sidonius, *Cursu Herulus, Iaculus, Hunus, Francusque natatu;* Et ayans recognu que pour la commodité de leurs peuples, & afin de subuenir par leurs subjets aux droits & charges qui leur sont imposez pour les necessitez de l'Estat, il estoit juste & equitable de honorer ceux qui employent leur trauail & leur vie en ladite nauigation & negociation de quelque priuilege par-dessus l'estranger, comme en tout Estat l'estranger ne doit jamais auoir pareil droict que le Citoyen : Nos Rois, dis-je, pour ces raisons ont fait lesdites Ordonnances, par lesquelles ils ont defendu à tous Marchands de charger ny freter aucuns Nauires estrangers, pour tirer ou emporter hors ce Royaume, aucunes marchandises ny biens quelconques, dans autres vaisseaux ou Nauires que ceux de cedit Royaume, à peine de confiscation desdits Nauires & marchandises, en suitte desquelles Ordonnances est interuenu celle du Roy Charles neufiéme, verifiée en tous les Parlemens de France, laquelle contient le mesme priuilege pour les Maistres de Nauires François, dont lesdits François ont iouy lōg-temps : Mais à present lesdits Marchands Anglois, Flamans & Maistres de Nauires Holandois & Zelandois, se veulent attribuer par vsurpation cette authorité, Qu'ils pretendent non seulement charger & enleuer les Marchandises qui sont aux Ports & Villes de ce Royaume, hors cedit Royaume ; Mais d'auantage veulent faire tous seuls le trafficq, & auoir le fret & proffit des biens & Marchandises qu'on transporte aux Ports & Haures des Villes, Citez & Prouinces de ce mesme Royaume :

Et ſi leſdits Flamans & Holandois veulent eſtre preferez par les Commis du party du Sel, en l'apport du ſel meſme qui ſe vend & diſtribuë aux Prouinces de cedit Royaume, juſques à ce poinct que ſi leſdits Maiſtres de Nauires François en veulent charger, ils ſont contraints rabattre du fret qui ſe donne auſdits Holandois, quarante ſols pour muid, & autres fraiz: Il y a plus, c'eſt que ſi leſdits Maiſtres de Nauires François portent quelques marchandiſes aux Villes d'Angleterre, outre les mauuais traittemens qu'ils reçoiuent au degaſt & en la perte de leurs marchandiſes, ils ſont obligez bailler des cautions & promeſſes de charger des marchandiſes de la manufacture du pays, ſont contraints de payer des impoſts plus grands au double, & plus que ceux du pays, Et de fret en Angleterre il ne leur en faut point chercher, pour ce qu'il y a deffences publiez audit Royaume; de charger ny fretter aucuns Nauires eſtrangers au prejudice des Maiſtres de nauires Anglois, Pour leſdits Flamans & Holandois, ils ont pareillement arreſté en Amſterdam vn Reglement du tout au prejudice deſdits intimez, pour ce qu'il porte le nombre de vaiſſeaux & Nauires pour aller à Londres, où il n'y a que quatre vaiſſeaux ſeulement, Et pour venir en cette ville de Roüen, il y en a plus de quatre-vingts, & par ledit Reglement ont arreſté le prix du fret, & l'ordre auquel chacun vaiſſeau doit partir, & ny reçoiuent aucun nauire François, & bien ſouuent ſont contraints de reuenir à vuide, ſans qu'il ayt eſté jamais permis aux Maiſtres de Nauires François de faire le port d'aucunes marchandiſes des Villes de Holande & Zelande, aux autres Villes ou Havres deſdits Pays: Comme auſſi leur Pays n'eſt pas de l'eſtenduë de ce Royaume, non pas ſeulement d'vne Prouince. Et ſi en leur Pays il n'y a biens ny marchandiſes ſur le lieu dont il ſe puiſſe faire traficq, Et encore que le traficq ſoit grand auſdites Villes de Holande, C'eſt comme ils portent toutes ſortes de marchandiſes en leur Pays de toutes parts, & tant de ce Royaume que des autres Royaumes eſtrangers, & que chacun d'eux s'employe du tout au traficq. Voila les raiſons pour leſquelles les inthimez ont preſenté leurdite Requeſte audit Siege general de l'Admirauté, afin d'eſtre maintenus au priuilege & liberté qui leur appartient, au prejudice deſdits eſtrangers, ſuiuant leſdits Edicts & Ordonnances; Surquoy s'eſt enſuiuy le Iugement duquel partant leſdits

Marchands Flamans & Maiſtres de Nauires Holandois ne ſe
peuuent plaindre, pource qu'ils ne peuuent rien pretendre par les
conuentions de leurs Traictez & alliance, comme eux-meſmes ils
le confeſſent, Que ce ſeul point, d'eſtre traittez en ce Royaume
ainſi que les ſubjets du Roy le ſont en leur Pays reſpectiuement.
Et pour ce que diſent leſdits Flamans & Holandois, qu'ils ſont
marris d'eſtre tenus en France pour eſtrangers, Les inthimez re-
monſtrent qu'eſtant leſdits Flamans hors les terres & Seigneuries
de l'obeïſſance du Roy, exempts des loix, charges & impoſts de
cét Eſtat, Ils ne ſe peuuent dire Citoyens de ce Royaume, ny
ſubjets du Roy : Et pour leurs Lettres de declaration au lieu de
Lettres de naturalité, cela n'eſt pas ſuffiſant pour ſe dire François,
pour vſurper le priuilege des François, ny pour abuſer de leur
ſimplicité dans leur Pays. On ſçait bien que la Flandre a eſté eri-
gée en Comté du temps de Charles le Chauue, & qu'auparauant
*feris magis quam hominibus incolebatur, eius inſulæ Cuſtos foreſtarius
dicebatur,* dit noſtre Hiſtoire. Mais en fin les Flamans ſe ſont tirez & ſouſtraits de l'obeïſſance du Roy, & des loix de cét Eſtat,
dont l'Hiſtoire n'eſt pas à preſent à propos ; Et que partant leſdits Flamans & Holandois doiuent ſouffrir auec patience d'eſtre
appellez eſtrangers en France, n'ayant autre aduantage par-deſſus
les autres eſtrangers, ſinon qu'ils ſont alliez & confederez, & non
ennemis, Meſmes ſont compris en la hance, c'eſt à dire en la compagnie Teutonicque, dont les droicts & priuileges ſont notoires
pour la ville de Bruges en Flandres : Auſſi de diſputer par leſdits
appellans la competance du Siege general de l'Admirauté, c'eſt
ſans raiſon, pource que par les Edicts & Ordonnances, la Iuriſdiction dudit Siege eſt reglée pour ce qui concerne generallement les droicts de l'Admirauté & Maiſtres de Nauires, & par ce
moyen ledit Siege eſtoit competent de cognoiſtre & iuger ſur les
fins de la Requeſte des intimez, joint que ledit Iugement n'eſt
que par prouiſion, & iuſques à ce qu'autrement y ait eſté pourveu par ſa Majeſté, pour la plaine & entiere conſeruation du priuilege de ſes ſubjets, & entretenement du commerce & de la
nauigation des François, & dedans & dehors le Royaume. Et
afin de reſpondre aux diſcours deſdits Maiſtres de Nauires Holandois, la Coûr eſt ſuppliée conſiderer, que s'ils ont eſté fauorablement traittez en France, plus qu'en lieu du monde, comme

ils

ils confeſſent, eſtant la couſtume des François, *qui ſemper hoſpiti-*
bus boni miteſque ſuplicibus, Ils n'en doiuent point abuſer, ny entreprendre ſoubs ce pretexté ſur les ſubjets du Roy, d'auoir tous
ſeuls le profit & les commoditez du traficq, qui ſe fait non ſeulement hors le Royaume, mais aux Ports & Havres des Villes &
Prouinces d'iceluy, ſpecialement pour ledit party du Sel, & autres marchandiſes qui ſe tranſportent, ſoit de cette Ville en Bretagne, à Bordeaux, à la Rochelle, à Bayonne, Marſeille, ou ailleurs. Pour l'experience en la nauigation que leſdits Holandois
eſleuent ſi haut, qu'ils ſe diſent familiers de la Mer, Ils doiuent
recognoiſtre qu'ils n'y ſçauent rien, que ce qu'ils ont apris des
François, & ont encores de preſent beſoin des Pilotes François;
Et ſi la Cour ſçait que ç'a eſté des Saxons, dont Sidonius auoit
dit que, *illis erat quædam cum diſcriminibus pelagi non notitia ſolum,*
ſed familiaritas. Quand aux inconueniens que propoſent leſdits
Holandois, de la ceſſation du commerce & du monopolle qu'ils
imaginent entre les François jouïſſans de leur priuilege, ce ſont
des illuſions recherchez à plaiſir, pour fauoriſer les eſtrangers au
prejudice des vrais François: Car au contraire ſi les Maiſtres de
Nauires François ſont employez au traficq, au port & raport des
marchandiſes & dedans & dehors le Royaume, c'eſt l'augmentation du commerce, & la conſeruation de la negociation & nauigation en France de la part des François, leſquels autrement ſeront contraints quitter à l'aduenir tout, pour eſtre & demeurer à
l'aduenir eux, leur famille, & enfans miſerables: Et pour les pre-
tendus monopolles, leſdits Holandois doiuent recognoiſtre vne
choſe, C'eſt qu'il n'y a nation au monde où il y ait pour l'Admirauté de plus belles loix, ny de plus iuſtes & équitables qu'en
France, pour punir les fautes & les monopolles, de ſorte qu'il eſt
facile, & ſans l'aide deſdits Holandois, de corriger & reprimer les
fautes & les abus s'il s'en rencontre de la part des intimez: Et
partant les conſiderations que leſdits Holandois appellent gene-
rálles, ſont impertinentes, ſoubs correction de la Cour; Et pour
les particulieres elles ſont auſſi peu conſiderables; les intimez
ayant cy-deſſus ſatisfait à l'opinion deſdits Holandois & Flamans
touchant leur qualité d'eſtrangers qui leur doit demeurer, mais
d'eſtrangers alliez, & non d'eſtrangers ennemis, qui eſt vne
diſtinction aſſez notoire. Et quand ils ſeront compris en la hance

L

Teutonicque pour le regard de ladite Ville de Bruges, ils ne
trouueront pas dans leurs priuileges, qu'il leur foit permis d'entreprendre la voicture des marchandifes aux coftes, Ports &
Hávres de France, au prejudice des vrais & naturels François, &
d'auoir en France plus d'auantage & meilleur traittement que ne
reçoiuent les fubjets du Roy en leur Pays. Et pour ce qu'ils alle-
guent que les François jouiffent en Holande & Flandres de la
liberté qu'ils demandent contre les François, C'eft vne allegation du tout fauffe & calomnieufe, honneur fauf, aux chefs re-
marquez cy-deffus: Le premier, pour le rapport des Marchandifes de leur Pays en France, qu'ils ne permettent qu'au rang &
ordre ordonné par leurs Magiftrats; Ce qui oblige les François
de s'en reuenir le plus fouuent à vuide. Et pour l'autre chef, pour
le tranfport des marchandifes de Port en Port aufdites Villes de
Holande & Zelande, qui eft du tout interdit aux François; Dont
la Cour void que cét offre de cautions de cent mil efcus eft fondée en l'air, & ne vient à propos de la part defdits Maiftres de
Nauires Holandois, lefquels recognoiffent qu'il appartient aux
Iuges de l'Admirauté de pouruoir à l'obferuation des Edicts &
Ordonnances du Roy, pour la conferuation & liberté du Commerce & de la nauigation; Et neantmoins ils appellent le Iugement dont il s'agit vn acte de Souueraineté, & difent qu'on n'a
jamais ouy parler d'vne telle Requefte, Comme fi c'eftoit vn
grand crime aux François de parler contre les eftrangers, pour
eftre maintenus en leur priuilege, conformément aux Edicts &
Ordonnances du Roy. Ce que la Cour eft fuppliée confiderer,
pour monftrer les prefomptions defdits Holandois, lefquels font
encores dire que c'eft au Roy priuatiuement à tous autres, à donner des Edicts, faire des Ordonnances, & des loix : encores
qu'aucun ne luy contefte ce pouuoir, non plus qu'à fes Iuges
l'execution defdits Edicts, pour les faire obferuer & garder: Or
en cette occurence la Cour void que les Iuges dont eft l'appel
n'ont rien fait d'auantage, partant lefdits appellans ne le peuuent
calomnier. Et d'auantage ce n'eft point vfer de represailles, ny
conceder les Lettres de marque, encores moins faire des impofitions fur les marchandifes fans l'authorité du Roy, que de
maintenir les François aux priuileges qui leur appartiennent en
France, aux Ports, Coftes & Havres de ce Royaume, au preju-

dice des eſtrangers, & deſdits Anglois & Holandois, leſquels re-
cognoiſtront tousjours que les Iuges ordinaires & ſouuerains de
ce Royaume, ſçauent fort bien ce qui eſt de leur charge & de
leur pouuoir: Et partant leſdits Maiſtres de Nauires François,
ſouſtiennent qu'il doit eſtre dit, ſoubs le bon plaiſir de la Cour,
qu'il a eſté bien iugé, & que leſdits appellans doiuent eſtre con-
damnez en tous leurs deſpens, dommages & intereſts. SALLET
pour ledit de Bauquemare, a dit que les appellans & demandeurs
en Requeſte ſe monſtrent trop paſſionnez en leur pourſuite, de
s'attaquer ſans ſubjet à vn particulier, & le prendre ſur le champ
à partie, qui n'a jamais eſté à leur procés, pour s'eſtre parmy la
tourbe des aſſiſtans trouué à l'audience de cette cauſe reputée
importante aux François, auſquels il ſemble que l'on ne ſe con-
tente pas de troubler la terre, mais les vouloir encores exclure de
la Mer, l'élement de tous le plus libre, & qui n'a jamais paſſé
ſoubs l'empire d'aucun autre que de Dieu, quoy que l'vn des
Aduocats en ait voulu attribuer la Seigneurie & Royauté à l'Angleterre: Mais puis qu'il n'y a autre ſubjet de l'engager en ce
different, que celuy qu'ils luy donnent de zelateur de la liberté
de ſon Pays, & pour luy imprimer quelque terreur l'en injurient
& calomnient, Il tient à honneur d'eſtre meilleur François que
ceux qui en langue & affection eſtrangere parlent des bons faiſans le contraire, & qu'il en a encores en ſeruant fidellement ſon
Roy & ſon Pays. Cette ancienne marque ſoubs l'aſſeurance de
laquelle il peut librement parler de la liberté commune, *Tam
libera nempe in ea ſuffragiorum ac ſtudiorum cuique poteſtas erat, vt
vel infimis libere ac ſine vllo metu ſententiæ dicendæ ſuffragij que
ferendi facultas eſſet*, diſoit le premier vſurpateur des Gaules, &
oppreſſeur de leur liberté. Les appellans ne pouuans ſur qui fonder leur priſe à partie, ont recours aux inuentions, luy imputant
qu'il ſe dit Maiſtre de Nauire & zelateur, & qu'il eſt moteur &
inſtigateur de la plainte & pourſuitte des Mariniers François, de
laquelle reſulte cette inſtance, ce qui ne ſe trouuera point: Mais
cela eſt ordinaire à ceux qui entreprennent des choſes injuſtes, de
preoccuper & eſtouffer les voix de ceux qui proclament à la liberté,
& la deffendent genereuſement, *ſic Catoni & ſimilibus ſepè injecta
Calomnia vt metu terrerentur*, Ainſi que Suetone & autres Hiſtoriés
ont remarqué: En ce qui le regarde doncques, il proteſte de tous.

ſes intereſts, dommages & deſpens, d'vne ſi indeuë vexation &
temeraire priſe à partie. Et pour ce qui touche le general, puis
qu'il eſt prouoqué & forcé en ſa deffenſe, Il ſupplie la Cour luy
permettre ce que ſa naiſſance & le zele que la nature luy donne
au ſeruice de ſon Roy, & bien de ſon pays, l'oblige de dire & ne
le diſſimuler point, qu'il ſera d'autant plus pur, veritable & in-
nocent, qu'il eſt inopinément pris ſur le champ & ſans preme-
ditation: Comme les parties qui reſoluës à ſe rendre Maiſtres &
de la Mer & du traficq au préjudice des François, ont de longue
main preparé leurs artifices & fauſſes couleurs, pour couurir
leurs pernicieux deſſeins, & ſurprendre cauteleuſement au pre-
mieraſpect & nuë apparence, ceux qui n'auroient penetré en
leurs intentions, veu leurs actions contraires, & peû par le temps
reconnoiſtre quelle répugnance peuuent auoir leurs proteſta-
tions & paroles auec leurs comportemens, Tous enſemble fai-
gnent en leurs plaidoyez toute courtoiſie, humanité, eſgalité, &
fraternité auec les François, au meſme deſſeins que la Hyenne
contrefait la voix humaine, la Cathoblepe monſtre la beauté de
ſon poil, & le Pard jette ſon odeur, Car au point de la nauigation
qui ſe diſpute maintenant, les effets ſont tous diuers, ils ne ſe
contentent pas que dans leurs Haures aucun nauire François
n'eſt chargé ny permis ſe fretter, pour apporter en la France
quelques marchandiſes ou les porter ailleurs, ny de haure en haure de leurs Prouinces, Mais plus, ils viennent maintenant con-
teſter juſques dans nos terres deuant les premiers Iuges, apres en
ce Senat, voire & encore juſques au Conſeil du Roy, & deuant
le propre pere, contre les enfans & la nature meſme que la fertilité de noſtre Eſtat, la manufacture & l'induſtrie des François
ne ſe doit produire, ny faire que pour eux, & que par priuilege,
au preiudice de nous, meſmes ils en doiuent ſeuls emporter le
fruict & en tirer le ſuc, laiſſer mourir nos peuples de faim & miſere, faire pourrir nos Vaiſſeaux & Nauires, & perdre l'exercice
& experience des Mers à nos hommes, n'y eſtans plus employez,
remplir nos Ports & Riuieres des leur, en enuironner & tenir nos
Coſtes aſſeruies, & enfin nous deſarmant & faiſant quitter la Mer,
s'en rendre maiſtres, & leurs aborts & deſcentes par tout libres à
l'aduenir, Ils ſe diſent nos amis alliez & confederez, il eſt vray, &
doiuent eſtre ainſi traittez, mais il n'y a ſi grande & eſtroite con-

federation, qui ne doiue au temps le plus calme pouruoir à sa seu-
reté & à la consequence des choses presentes pour l'aduenir, &
preferer ses subjets à tous autres, aux choses qui dependent du
tout de l'Estat & dans ses limites, tant plus nous serons forts en
la Mer, ce sera leur asseurance, estans en si bonne intelligence :
Et si le malheur y apportoit quelque iour de la diuision, y a-il
rien plus naturel que de nous tenir tousjours prests, sans attendre le coup, & que lors il fallust à la haste bastir des Vaisseaux, &
exercer nos hommes sur la Gréue, comme les Romains furent
contraints faute de prévoyance & experience à leurs premieres
nauigations, tandis qu'ils feroient sur nous leurs courses & prises à
nostre dõmage. Que si l'on demandoit quelque desauantage sur
leurs Pays, & y vouloir porter l'autorité de nos loix & Reglemẽs,
il ne seroit pas raisonnable, car chacun est souuerain dans le sien
& non hors : Ce qui se demande & dispute maintenant, aussi ne
va pas là pour s'en plaindre, & ne consiste qu'en deux poinchs,
Qu'il leur soit deffendu de charger ny remporter dans leurs
Vaisseaux aucune marchandise, ny charger des Havres, Costes,
Villes & Riuieres de France hors ce Royaume en autre, tant
qu'il y aura & se presentera des François pour le faire à prix &
condition raisonnable ; Et que pour le port & transport qui sera
à faire d'vn Havre & lieu de France en autre, tant en l'Occean
qu'en la Mer Mediterranée, nul Vaisseau ne s'en puisse entre-
mettre, que par le manquement & defaut des François, & apres
les publications & attentes de temps anciennement accoustumez. Les causes de la plainte des François, sont qu'en Angleterre, tant s'en faut qu'on leur permette recharger leurs Vaisseaux, pour ne faire leur retour vuide & gaigner quelque loyer
pour leur viure & entretien de leurs hommes & Nauires, on les
fait descharger s'ils sont trouuez frettez & chargez pour quel-
qu'vn, & faut necessairement en payer le port aux Vaisseaux
Anglois, & remettre le tout dedans. En Holande & Flandres,
cela ne s'y fait pas directement, mais pires indirectement : Car
ceux-là en cette grande injure & injustice ensemble, n'abusent
point les hommes ny les vaisseaux, & ne les font consommer en
aucune attente ou esperance, tant elle est notoire & patente, &
nul ne se doit plaindre de s'y tromper d'esperance, qu'il n'ac-
cuse son ignorance & simplicité aux mœurs & loix de ce pays-là,

qui ne font qu'en la feule faueur & aduantage d'eux, au prejudice de tous autres non regnicolles : Et en Flandres & Holande
le reglement de leur police, que tous leurs Vaiffeaux ne peuuent charger qu'à leur rang, & que de huict iours en huict iours
il en doit tousjours partir vn, & faire voille en Mer, fait que
jamais les François ne peuuent venir en rang ny auoir charge,
parce qu'aux moindres Ports il s'y trouue tousjours trois & quatre cens Vaiffeaux, & aux plus celebres mille, deux & trois mille,
lefquels ayans pris leur ordre, ne laiffent jamais de place ou oc-
cafion vague aux autres, qui feroient pluftoft peris, pourris &
perdus aux corps & en l'appareil, qu'ils n'y auroient peû gaigner vn tefton, outre l'ennuy, la nourriture, loyers, & perte des
hommes, qui ne peuuent, principalement les François, demeurer fi long-temps inutiles & marquez. Ils ont encores vne autre
aftuce politique, qu'aucun Vaiffeau n'eft permis charger à cueil-
lette, & ne peut en reçeuoir que de deux à trois perfonnes au
plus, lefquels par confequent font Marchands en gros & originaires du Pays, qui par caballe & fecret d'Eftat de leur nation,
laquelle a vne forme de Republique, ne veulent jamais charger en autres Vaiffeaux que les leur, & ainfi illudent les François,
& leur oftent par irrifion & fubtilité le moyen & fubjet de s'en
pouuoir plaindre au Roy ny à la Iuftice, d'autant que ce qui eft
volontaire ne peut eftre par la voye juridiciaire forcé, & ce complot eft fi cauteleux, qu'il ne peut eftre prouué. D'ailleurs en la
compofition de leurs vaiffeaux ils y mettent peu d'hõmes, & leurs
regles ne les aftraignent pas à fi grand nombre, ny telle quantité
de viures & munitions que font les Ordonnances de France, &
eux-mefmes qui faute de terre où s'employer, n'ont la plufpart
autre vacation, & auec ce l'achapt & conftruction de leurs Vaiffeaux à fi vil prix, fe contentent le plus fouuent à moindre loyer,
& fe foucient peu des perils & rifque de leurs Vaiffeaux : Tellement que par cét apaft, ils font delaiffer & demeurer les François
inutils, & infenfiblement fe rendent feuls à traict de temps
Maiftres de la Mer, fe multipliant & fortifiant d'hommes &
Nauires, & nous en defnuant ; En quoy eft notable que leur but
tendant là, ils penfent affez gagner de fe donner & loüer à fi vil
prix que l'on voudra, pourveu qu'ils foient feuls employez, &
que par cette rufe ils faffent quitter & abandonner la nauigation

aux autres Nations, pour apres y donner telles loix qu'ils vou-
voudront. Par ces moyens ils ont empieté fur les François, qu'à
prefent il n'y a qu'eux qui font le port & voiture du Sel en France, mefmes que l'on ne voit plus qu'eux aux charges & rentes
de tous nos Portz, foit à y porter les Vins & autres marchandifes,
ou pour quelque caufe que ce foit dans le Pays; Ils en arrent &
vont par les Bourgades & Villages achepter & cueilir les toilles,
les bledz, & toutes autres fortes de marchandifes, dont ils font
magazins, & ne les revendent ny ouurent jamais, que leur ref-
trainéte n'en ait amené la cherté, voire l'vn d'eux nommé Iean
Heuff, oze bien faire faire des doubles de cuiure vers Mezieres,
& les expofe entre les mains du peuple, fans chaftiment ny re-
prife, fe mocquans de la douceur & courtoifie des François,
qu'entre-eux ils appellent & tiennent à tel idiotifme, qu'en leurs
tableaux ils ont fait pourtraire vn Agneau, qui font les armes de
cette Ville, qu'ils tondent & coupent iufques à la chair & au fang,
& à la fubfcription Flamans s'inuitent les vns les autres à le venir
tondre, & en faire bonne chere à fes defpens. Si cela eft tolera-
ble & fans honte, vergongne & peril à la France, chacun le voit
& le fouffre, & nul ne le venge ny chaftie; voire plus, fi quel-
qu'vn s'en plaint, on luy impute qu'il eft zelateur de la liberté
publique, & qu'il n'eft pas bon François : C'eft le feul fubjet qui
leur a fait attaquer & prendre prefentement à partie Bauquemare, afin d'efpouuanter & retenir tout le monde d'en plus parler, offrans par oftentations & mocquerie des François, des cautions de cent mil efcus, & ce d'eux-mefmes & entre eux-mefmes,
pour les armer & animer les vns contre les autres, & fe donner &
faire encor' plus beau jeu. En leur contenance il ne fe voit à la
Place ny aux Bureaux que de l'arrogance & mefpris des François,
& en leurs paroles que du faft & de l'apparence de fraternité, en
vfurpant leur nom & s'en difans originaires, non pour s'y remettre & reünir comme au temps qu'ils rappellent, mais pour en
abufer des priuileges : En quoy ainfi que leur cœur n'y eft pas,
auffi ne les peuuent ny doiuent-ils pas extendre fi auant qu'ils
penfent, & fe faut contenter de ce que les confederez & alliez
ont droiét & couftume d'auoir, à fçauoir de n'eftre point fur-
chargez de plus grandes daces ny impofitions : Mais que dans
l'eftat ils peuffent faire tous aétes de François originaires, &

eſtre appellez aux charges & dignitez, joüir des droicts de Bour-
geoiſie, & aller en toutes choſes de parité; Ils ſe trompent, la
maxime de droict & de nature dit, que jamais perſonne ne donne
tant de priuilege à autruy, qu'il n'en retienne encor' plus pour
ſoy, *Neque nemo ſe ſibi æquiorem non præſtat quam cæteris*: où ſeroit
la raiſon, la courtoiſie, ny l'honneſteté ſi grande ou loüable,
qui leur peuſt permettre faire toute la nauigation, & que les
François y demeuraſſent inutils, *Noſtriſque ſitientibus agris alios
irrigare.* Ce n'eſt pas ſans cauſe qu'Ariſtophane en l'vne de ſes
Comedies, a dit que le ſerment qui ſe faiſoit à Neptune, eſtoit
bien plus grand & plus eſtroit que celuy qui ſe preſtoit à la
Deeſſe Veſta, parce qu'il eſtoit appellé le Confirmateur de la
terre & protecteur des hommes: Car ſi la France eſt deſnuée,
comme elle ſera indubitablement en bref; ſi l'on ne coupe pied
à ces aſtuces & progrez, la force de la Marine luy eſtant oſtée,
Nous n'aurons plus de communication aux Royaumes eſtrangers, les correſpondances ne ſe pourront plus entretenir, ny leurs
biens & les noſtres eſtre communiquez que par la neutralité
des Flamans, comme interpretes & proxenetes de nos volontez
qu'ils deſguiſerons, tromperont & déceleront quand & ainſi
qu'ils aduiſeront bien eſtre; Ils nous reſſerreront comme la Tor-
tuë dans ſa coque, ou ſi nous en ſortons, & que nous voulions
entrer en la Mer eſtans ainſi deſarmez, *Omnes partes ictibus eo-
rum obnoxiæ erunt*: & ainſi nous deſpendrons de ceux qui ſe confeſſent, mais à cautelle, auoir autrefois deſpendu de nous: Que
leur ſert contre ces raiſons & inconueniens viſibles, de faire des
diſgreſſions ſur la neceſſité & vtilité du Commerce entre toutes
Nations, veu que ce n'eſt pas la queſtion; & que tant s'en faut
que les Mariniers plaintifs le vouluſſent empeſcher, C'eſt le
ſeul moyen & le plus aſſeuré fonds de leur vie & ſubſiſtance.
L'antiquité rapporte en teſmoignage de l'eſtat, que les Gaulois
ont tousjours fait du Commerce, que principalement ils reue-
roient le Dieu Mercure, non le trompeur & amadoüeur du monde de deuers le Septentrion, mais le bon Marchand & éloquent
Meſſager des Dieux, auquel ils firent faire par le ſtatuaire Xeno-
dorus vne ſtatuë de prix immenſe, & dont l'ouurage dura dix ans
entiers: Ce que les Flamans auſſi en ſçauent, ce n'eſt que par leur
bien-veillance & inſtruction, tandis qu'ils en ont eſté des ſubjets,

& à

& à preſent ils en veulent faire des leçons à leurs Maiſtres. Autre choſe a eſté du temps qu'ils eſtoient en l'obeïſſance de France, autre à preſent qu'ils en ſont hors, Leur Comte Baudouin duquel ils ſe vantent, commença vn mauuais acte, ayant emmené & rauy de force Iudith fille de Charles le Chauue ; Mais en fin apres vn long-temps & de grands ſeruices à la Couronne, il en merita la grace, & fut encores adjouſté pour liberalité la dignité du premier Comte de Flandres, à l'exemple d'Auguſte à Ruffus dont parle Seneque, lequel le ſupplia de donner auec ſon pardon vn teſmoignage notoire qu'il auoit oublié ſa faute, & que perſonne ne doutaſt, *Honeſtæ Cæſar ignouit & libertatem Clementiæ adjecit*: Et les parties au contraire veulent dès le commencement eſtouffer & ſuprimer les droicts des vrais, naturels & legitimes François de haute-lute, & non par grace, & au lieu de ſubmiſſions, ne parlent que de parité, indignes partant d'vne liberalité ſi pernicieuſe. Ils ſe ſcandaliſent ſans raiſon, qu'en quelques procedures l'on ait traitté auec eux comme eſtrangers, d'autant que la Declaration du Prince ne les fait que par benefice jouïr des priuileges de ſon Eſtat, & tout ainſi qu'entre les enfans, les naiz de legitime mariage preferent ceux qui ne ſont apres legitimez que *per ſubſequens matrimonium*, quoy que ſouuent premier naiz, & n'ont pas auſſi toutes les marques de vrais legitimes : de meſme ſont les Peuples non originaires gratifiez de priuileges, au regard des naturels ; deſquels ainſi que l'affection & l'intereſt eſt perpetuel au ſeruice de leur Prince ; Auſſi ſeuls ils portent les charges de l'Eſtat & perils des guerres, auſquels comme les eſtrangers ne contribuent, il n'y auroit pas d'apparence de les fauoriſer de ſemblables prerogatiues. La Cour s'eſtant par ſa prudence, voulu eſclaircir & plainement informer des inconueniens, commoditez ou incommoditez qui eſtoient aduenus & pourroient aduenir ſur l'occurrence de ce Reglement, Et pour ce mandé les Conſeillers, Eſcheuins de la Ville, & le Syndic des Marchands, qui en ont conferé à leur Corps, & peû entendre d'eux, Combien il eſt important de pouruoir au deſordre qui prenoit pied contre les François, & qui de plus de trois cens cinquante Nauires, & plus de huict mille Mariniers & gens de Mer, qui autrefois ont eſté en la Riuiere & Villages de la Seine, a déſja tellement diminué la force & quantité, que de preſent il ne s'en trouueroit pas cin-

M.

quante à soixante, ny en la France plus de sept à huiϛ cens, où il s'y en est veu six mil & plus, & dequoy faire en vn moment vne grosse flotte & armée naualle, où il est maintenant impossible d'en fournir à trois mille hommes de guerre seulement. Et n'est à propos aux Flamans de dire qu'ils permettront à l'aduenir tous leurs Havres; Car ce petit nombre n'est point égal, ny en confideration, au regard de l'estenduë & Costes de la France en l'vne & l'autre Mer, qu'ils gardent pour eux l'apport & remport de leur pays, & qu'ils laissent aussi aux François leurs terres libres, autrement soubs pretexte de la pareille, les autres inconuenients estans sans remede, ils rendent la France desarmée & sans traffic ny Commerce pour la Mer : Ils se vantent & contrefont les Saxons, dont a parlé Sidonius en l'vne de ses Epistres, & dit que leur ordinaire estoit d'estre accoustumez aux perils de la Mer, & se reputans autant de dieux Glauques dans les eaües, taisent la perice que dés le mesme il en donne, dit Eutrope in Diocletiano, encore plus grandé aux François, Mesmes Nazarius dans son Panegyric à Maximilian, *Franci ipsi præter cæteros truces quorum vis Cum ad Bellum efferuesceret vltra ipsum oceanum æstu furoris Enecta, Hispaniarum etiam vrꝗ armis infestas habebat.* Et Marcellin encor' en son troisiéme liure *Gallicanos tractus Franci & Saxones; Iisdem confines quæ quisque Erumpere potuit, terra vel mari præliis acerbis incendisque & Captiuorum funeribus hominum violabant.* Où trouueront-ils que de ce temps-là il fust parlé d'eux, ou que les vassaux appellez *Pandi & nuo parones*, fussent attribuées à autres, qu'aux François & Saxons, *Sed quorsum hæc,* en ce Reglement, si ce n'est pour remplir le papier, non plus que l'aparition de leur feu sainϛ Elme en la publication de la Sentence de l'Admirauté, veu la raison & la justice éuidente de la cause des François, en ce faict auquel ils doiuent obtenir, où le Prouerbe ne seroit pas vray, que *Tesseræ iouis semper bene cadunt.* Quand aux Holandois & Zelandois qui ont plaidé separément, c'est vn artifice, n'estant qu'vne seule cause & souftien: Mais il y a du differend que ceux-cy ne se peuuent dire auoir esté autre-fois François, parce qu'ils sont au delà, & entre les Isles du Rhin, *Cuius medius alueus Gallih finis est,* & les mesmes raisons & deffenses proposées contre les autres, satisfont pour eux : & leur doit suffire, qu'estant en bonne intelligence & consideration auec

nous, il ne s'y fait en conſeruant nos droits, aucune entrepriſe
ſur eux, ny infraction aux Traittez faits auec eux: *Manet honos,*
comme diſoit Tacite d'eux, *& antiquæ ſocietatis inſignè, nam nec*
tributis contemnuntur, nec publicanus atterit, exempti oneribus, &
collationibus, & tantum in ⱴſum præliorum ſepoſiti, ⱴelut tela atque
arma bellis reſeruantur. Le Roy Charles neufiéme, & feu Henry
le Grand, d'heureuſe memoire, ayans bien préueu, combien il
eſtoit perilleux de laiſſer entreprendre la nauigation, port, charge & recharge des marchandiſes, par autres que les François, ny
laiſſer tellement les vaiſſeaux & hommes de cét eſtat inutils, qu'ils
fuſſent contraints ou quitter le meſtier de la Mer, ou s'alloüer &
accommoder auec les eſtrangers, que par les Edicts imprimez
& publiez ils y voulurent pouruoir, la meſme raiſon continuë
& oblige encores plus à le faire que jamais, & ne demandent les
François que le bien du Royaume, & rendre le ſeruice fidelle
qu'ils doiuent à leur Roy par le Reglement qui eſt donné: Et
bien à propos les parties en ont propoſé l'exemple de Trajan
pour le ſuiure, car Pline l'extolle, Que par ce moyen toutes nations apportoient leurs affluences & ſingularitez à Rome, & que
la Mer luy obeïſſoit auſſi bien que la terre; C'eſtoit commodité
& obeïſſance, & non pas incommodité & conteſtation, comme
pretendent faire les appellans, ſi le Roy n'eſtoit naturellement
porté, comme il eſt, à conſeruer & proteger les ſiens contre tous:
Partant ledit de Bauquemare ſe raportant auſdits Mariniers, de
defendre leſdites appellations & Sentence dont eſt appellé,
Souſtient qu'il doit eſtre dit à tort ladite priſe à partie; Et en cas
que leſdits Flamans, Holandois, & Anglois le veillent dauantage
retenir, Il en doit auoir condemnation de reparation, intereſts,
dommages, & deſpens. Le Gverchoys parlant pour le
Procureur General du Roy, A dit que le Reglement donné par
les Iuges de la Table de Marbre en l'Admirauté de France, eſt
de telle conſequence, que le public receuroit vn notable intereſt contre la liberté du Commerce, Non ſeulement de la Prouince, mais generalement du Royaume, & qu'il s'eſtendroit
juſques aux Nations eſtrangeres; ce Reglement concernant la
communication libre des marchandiſes qui ſe portent & tranſportent par Mer deçà & par delà le Royaume: liberté que l'on
doit conſeruer pour la commodité qu'elle apporte au general,

& qui augmente les droits du Roy sur les marchandises Maritimes, & les droits de portz & passages : Aussi que ce faict est de
telle consequence, qu'il y a Traicté pour ces affaires entre les
Royaumes & Nations voisines, dont les Articles doiuent estre
inuiolablement gardez, & ne se peuuent changer ny alterer que
par la seule & souueraine authorité de sa Majesté, dont les Iuges
de l'Admirauté abusans de leur pouuoir, n'ont que trop legerement donné ce Reglement, qu'ils ont fait publier. Le respect
qu'ils doiuent à la Cour, & la facilité qu'ils auoient de l'aduertir,
les deuoit retenir dans les bornes de leur Iurisdiction , & ne
faire rien en ce subjet qu'apres nous en auoir conferé au Parquet,
pour ouys en la Cour en reçeuoir la loy ; D'auantage que les
parties ayant interest deuoient estre assignez pour y respondre;
Que ce Reglement deuoit estre auant communiqué aux Esche-
uins de la Ville & Procureur Syndic des Marchands, pour apres
leur assemblée generalle en rapporter & donner leur aduis, touchant la commodité ou incommodité , Comme il a esté depuis
fait suiuant la requisition dudit Procureur General, & Arrest de
la Cour sur la plainte renduë dudit Reglement, Ce differend est
grand, & qui de present se dispute entre les Anglois & Holandois, dont les deffences sont du tout differentes , les Anglois
ayans tousjours obstinément empesché le commerce des Nauires
de France , & de traitter des marchandises d'Angleterre , qui
contreuient aux accords que nous auons auec eux , Ce qui est
attesté par tous les Marchands qui reuiennent de la grand' Bretagne , Au contraire les Holandois & Flamans se pretendent
regnicoles, De vray que autrefois le Comté de Flandres a esté
l'vne de nos pairries, à cette consideration cette nation à tousjours maintenu la liberté du commerce, sans rien alterer des loix
ny de la Marine, Que s'ils reçeuoient quelque mescontentement
par ce Reglement de la Table de Marbre, ils auroient subjet de
se plaindre, vser de represailles, & rendre la pareille aux François, Ce qui altereroit les droits du Roy, la liberté des Marchands,
& le bien du particulier, renuersant l'vsage ancien de la France:
C'est pourquoy nous estimons qu'il seroit expedient & à propos
en fait de telle importance d'en aduertir sa Majesté, estant question des reigles de l'Estat, Et luy faire tres-humbles remonstran-
ces, à ce qu'il luy plaise y pouruoir, D'autant que grand nombre

de Capitaines de Nauires de France, fe font retirez, & ont aban-
donné la Nauigation, à caufe des rigueurs & durs traictemens de
l'Anglois, qui fans refpect aucun enfraint les Traictez, Neantmoins la Cour peut pouruoir & regler par prouifion lefdites parties fur leurs differends, en attendant que fa Majefté y ait pourueu. LA COVR a octroyé acte aux parties, des appellations
refpectiuement interjettées par lefdits Marchands & Maiftres
de Nauires Anglois, Flamans, Holandois, & Zelandois, fur
lefquelles enfemble fur toutes les conclufions defdites parties,
Ladite Cour a ordonné quelles fe pouruoirront au mois par
deuers le Roy, pour en eftre ordonné felon fon bon plaifir, Et cependant que les Traictez faits entre fa Majefté, le Roy d'Angleterre, & les Holandois & Zelandois, feront reaument exe-
cutez, & informé des contrauentions, Et à fait & fait main-leuée
aufdits Maiftres de Nauires eftrangers, de leurs Nauires & marchandifes de prefent chargez, Et ordonné que ce qui refte à charger de marchandifes fur les Quays de cette dite Ville, & autres
Ports de cette Prouince, fera chargé par les Nauires François,
priuatiuement à tous autres eftrangers, le tout par prouifion &
jufques à ce par fadite Majefté autrement en ait efté ordonné:
Et fera le prefent Arreft chargé des Remonftrances tant du Procureur General du Roy, que defdits Efcheuins & Syndic des
Marchands, enfemble des parties. Et fur le haro, a mis & met les
parties hors de Cour & de procés, fans defpens ; Et a octroyé
acte aufdites parties de la declaration defdits Flamans & Anglois,
qu'ils entendent retenir partie au procés ledit de Bauquemare
en fon propre & priué nom, & à luy fes defenfes au contraire,
fur lefquelles ils fe pouruoiront pardeuers fadite Majefté. Et
ayant efgard aux Remonftrances dudit Procureur General, A
ordonné & ordonne que le prefent Arreft fera publié fur les
Quais & autres lieux où befoin fera, pour feruir de Reglement
par prouifion, & jufques à ce que par fadite Majefté autrement
en foit ordonné. FAIT à Roüen en ladite Cour de Parlement,
le dixiéme iour de Iuin mil fix cens dix-fept.

Signé,   DE BOISLEVESQVE.

Extraict des Regiſtres de la Cour de Parlement.

SVR la Requeſte preſentée par les Maiſtres de Nauires François de la Prouince de Normandie, A l'encontre des Marchands & Maiſtres de Nauires Anglois, Eſcoſſois, Zelandois, & Holandois ; Tendant à ce qu'il ſoit ordonné que lecture & publication ſera faite où beſoin ſera, de l'Arreſt de la Cour donné entre les parties le dixiéme iour de Iuin dernier, ſur les copies & vidimus d'iceluy, imprimez, ſignez & approuuez ; Et que leſdites lectures ſoient declarées auſſi valables, que ſi elles eſtoient faites ſur l'original dudit Arreſt. VEV par la Cour ladite Requeſte, Et ouy le Conſeiller Commiſſaire : LADITE COVR A permis & permet auſdits auſdits Maiſtres de Nauires François, faire faire lecture dudit Arreſt du dixiéme Iuin, ſur les copies & vidimus d'iceluy, imprimez & deuëment collationnez & approuuez, leſquelles lectures ladite Cour declare bonnes & vallables. Fait à Roüen en ladite Cour de Parlement, le vingt-vniéme iour de Iuillet l'An mil ſix cens dix-ſept.

Signé, DE BOIS-LEVESQVE.

LEcture & publication du contenu au preſent Arreſt, a eſté faite par moy Huiſſier du Roy en ſadite Cour de Parlement à Roüen ſous-ſigné, tant deuant la Iuriſdiction de la Viconté de l'eauë & Romaine, ſur les Quais de cette Ville, Place & Bource des Marchands, icelle Bource tenant, Porte & quay de Paris, que deuant l'Egliſe Cathedralle Noſtre-Dame de Roüen, & autres lieux ordinaires à faire proclamations ; Ce jourd'huy Vendredy vingt-vniéme iour de Iuillet mil ſix cens dix-ſept, A la requeſte deſdits Capitaines & Maiſtres de Nauires des Villes de Roüen, Haure. Dieppe, Honfleur, Quilleboeuf, Vateuille, & Sainct Vallery en cette Prouince de Normandie, Stipulez par ledit Boſquet l'vn d'iceux, à ce qu'aucun n'en pretende cauſe d'ignorance. En la preſence de Robert de Roſt Trompette ordinaire, & autres. Signé, DE LA MARE.

ARREST DV CONSEIL D'ESTAT EN

Forme de Reglement , pour la Nauigation d'entre les Marchands François & les Marchands Estrangers , suiuant & conformément à l'Arrest de la Cour de Parlement de Roüen du 10. Juin 1617. cy deuant.

Extraict des Regiſtres du Conſeil d'Eſtat.

VR les Requeſtes preſentées au Roy par les Députez des Villes du Havre de Grace, Dieppe, Saint Malo, & autres Villes des coſtes de Normandie & Bretaigne, Tandant à ce que pour les conſiderations y contenuës importantes au ſeruice de ſa Majeſté, bien de ſon Eſtat, & de ſes ſubjets deſdites Villes ; Il plaiſe à ſa Majeſté ordonner que l'Arreſt de prouiſion donné au Parlement de Roüen, le dixiéme iour de Iuin dernier paſſé , entre les Marchands Flamans, Holandois, Zelandois, & autres habitans des Prouinces vnies du Pays-bas demeurans à Roüen, les Marchands Anglois demeurans audit Roüen, & autres y deſnommez appellants d'vne part : Et les Capitaines & Maiſtres de Nauires François dudit Roüen, & autres Villes de ladite Prouince inthimez d'autre : Sera executé diffinitiuement pour le regard deſdits Flamans, Holandois, & Zelandois , nonobſtant la derniere ſurceance par eux obtenuë par Arreſt dudit Parlement du neufiéme Aouſt dernier, donné ſur leur ſimple Requeſte ſans nouuelles lettres de ſa Majeſté, & ſans qu'ils ayent eſté ouys en leurs juſtes defences pour empeſcher ladite ſurceance : Et en ce faiſant ordonner que expreſſes inhibitions & deffences ſeront faites à tous Eſtrangers & autres, de charger ny faire charger leurs marchandiſes & denrées pour porter de Havre en Havre, dedans le Royaume de France ou dehors iceluy, dans autres Vaiſſeaux ou Nauires que ceux deſdits François, ſur peine de confiſcation deſdites marchandiſes & Nauires, ou du moins en attendant qu'il ait eſté pourueu diffinitiuement ſur leſdits differends touchant le fret deſdits Nauires , leuer ladite ſurceance

N

obtenuë par lefdits Holandois & Zelandois. VEV PAR LE
ROY EN SON CONSEIL lefdites Requeftes , ledit
Arreft du Parlement de Roüen du dixiéme Iuin dernier. Copie
des Lettres patentes accordées par fa Majefté fur l'inftance de
l'Ambaffadeur des Eftats des Prouinces vnies des Pays-bas, dat-
tées du dixneufiéme dudit mois, fignées par le Roy, Potier, Par
lefquelles fadite Majefté mande audit Parlement de furceoir
l'execution dudit Arreft pour vn mois , pour le regard defdits
Holandois & Zelandois feulement, l'Arreft de ladite Cour du
vingt-fixiéme dudit mois , par lequel conformément aufdites
Lettres, l'execution dudit Arreft du dixiéme dudit mois eft fur-
cize pour vn mois , à compter dudit iour vingt-fixiéme Iuin pendant lequel lefdites parties bailleront leurs remonftrances pour
eftre enuoyées à fa Majefté , Laquelle fera tres-humblement
fuppliée de vouloir pouruoir à la liberté du commerce des François és pays eftrangers , fignifié à Nicolas Bocquemare Capitaine
de Nauire dudit Roüen , le fixiéme de Iuillet enfuiuant, Copie
de la Requefte prefentée à ladite Cour par Guillaume Hofman
& confors , Marchands Holandois & Zelandois , Tendant afin
de prolongation de la furfeance dudit Arreft du dixiéme Iuin,
jufques à ce que par fadite Majefté autrement en ait efté ordonné. Coppie collationnée dudit Arreft du neufiéme Aouft, Par
lequel ayant efgard à ladite Requefte , eft ordonné que la fur-
féance portée par lefdites Lettres Patentes du dix-neufiéme
Iuin, & Arreft donné fur icelles le vingt-fixiéme dudit mois,
tiendra , & fera continuée jufques à ce que par le Roy ou ladite
Cour, autrement en ayt efté ordonné ; Le tout bien confideré.
LE ROY EN SON CONSEIL, A leué & leue la fur-
féance portée par lefdits Arrefts du Parlement de Roüen des 26.
Iuin, & neufiéme Aouft dernier ; Ordonne que celuy de ladite
Cour du dixiéme dudit mois de Iuin, fera executé felon fa forme
& teneur : & ce par maniere de prouifion, jufques à ce que par
fadite Majefté autrement en ayt efté ordonné. FAIT au Confeil
d'Eftat du Roy, tenu à Paris le 5. iour d'Octobre 1617.

Signé, DE FLECELLES.

LOVIS par la grace de Dieu, Roy de France & de Nauarre,
A nos amez & feaux Confeillers , les Gens tenans noftre

Cour de Parlement à Roüen , Salut. Par l'Arreſt cy-attaché
ſouz le contre-ſeel de noſtre Chancellerie, ce jourd'huy donné
en noſtre Conſeil d'Eſtat , ſur les Requeſtes à nous preſentées
par les Deputez des Villes du Havre de Grace, Dieppe, Sainct
Malo, & autres Villes des coſtes de nos Prouinces de Normandie
& Bretaigne, Nous auons leué la ſurſéance portée par vos Arreſts des vingt-ſix Iuin & neuſiéme Aouſt derniers, Et ordonné
que celuy donné en noſtredite Cour le dixiéme iour dudit mois
de Iuin, ſera executé ſelon ſa forme & teneur : & ce par maniere
de prouiſion, juſques à ce que par nous autrement en ayt eſté
ordonné. A CES CAVSES , Nous vous mandons & ordonnons
par ces preſentes, Que du contenu en voſtredit Arreſt dudit iour
dixiéme Iuin, Vous ayez à faire, ſouffrir & laiſſer iouyr les Capitaines & Maiſtres des Nauires François deſdites Villes & autres
Villes de noſdites Prouinces ſelon ſa forme & teneur : Contrai-
gnans & faiſans contraindre à y obeyr les Marchands Flamans,
Holandois, Zelandois, & autres Habitans des Prouinces vnies
des Pays-bas , & Marchands Anglois , & tous autres qu'il appar-
tiendra, par toutes voyes raiſonnables & accouſtumées en tel cas:
CAR tel eſt noſtre plaiſir. DONNE à Paris le cinquiéme iour
d'Octobre, l'an de grace mil ſix cens dix-ſept, & de noſtre regne
le huictiéme. Par le Roy en ſon Conſeil, Signé, DE FLECELLES.
Et ſeellé en ſimple queuë d'vn grand Seau de cire jaune auec le
contre-ſeel de cire jaune.

Extraict des Regiſtres de la Cour de Parlement.

SVR la Requeſte preſentée par le Procureur General du Roy, re-
monſtrant qu'il auroit eſté repreſenté au Parqueſt par vn Arreſt
donné au Conſeil d'Eſtat le cinquiéme de ce mois, ſur les Requeſtes
preſentée au Roy par les Deputez des Villes du Havre de Grace, Dieppe ,
Sainct Malo, & autres Villes des Coſtes de Normandie & Bretagne : Par
lequel ledit Seigneur Roy en ſon Conſeil a leué la ſurceance portée par les
Arreſts de ce Parlement, des 26. de Iuin & neuſiéme Aouſt dernier, & ordonné que celuy donné en cedit Parlement le dixiéme Iuin precedent, ſeroit executé ſelon ſa forme & teneur par prouiſion, iuſques à ce qu'autrement par ſa Maieſté euſt eſté ordonné. Et d'autant que ledit Arreſt de la

Cour du dixiéme Iuin confirmé par celuy dudit Conseil est tres-prouisoire, attendu que la Foire Sainct Romain est instante, en laquelle arriue grand nombre de Nauires des Royaumes & Prouinces Estrangeres, qui pourront contreuenir au Reglement porté par lesdits Arrests, si la publication n'en estoit faite. Requerant ledit Procureur General en attendant la seance dudit Parlement, auquel l'adresse dudit Arrest du Conseil est faite, pour le faire executer & garder, il soit ordonné pour l'vtilité publique & conseruation des Droicts de sa Majesté, que lesdits Arrests du Parlement du dixiéme Iuin & du Conseil du cinquiéme de ce mois seront leuez & publiez par les Quais & places publiques de cette Ville, & en tous autres lieux, Ports & Havres de cette Prouince, pour y estre gardez & obseruez, à ce qu'aucun n'en pretende cause d'ignorance. VEV PAR LA CHAMBRE ordonnée par le Roy, au temps des Vacations ladite Requeste, ledit Arrest du Conseil du cinquiesme de ce mois; Lettres patentes de Commission à ladite Cour aux fins de l'execution d'iceluy. Requestes presentée à ladite Chambre par les Deputez desdites Villes du Havre de Grace, Dieppe, Sainct Malo, & autres Villes & Costes de Normandie & Bretagne, stipulez par Thomas Estienne Marchand de ladite Ville de Dieppe; Nicolas de Beauquemare, Capitaine entretenu pour le Roy en la Marine du Ponant, & Estienne Grenier Bourgeois du Havre; afin qu'il leur soit permis faire publier ledit Arrest par tous les Ports & Havres de cette Prouince, pour estre gardé & obserué selon sa forme & teneur: Et oüy le Rapport du Conseiller Commissaire. LADITE CHAMBRE ayant égard à ladite Requeste & Remontrance dudit Procureur General, A ordonné & ordonne que ledit Arrest du Conseil du cinquiéme de ce mois, sera leu & publié sur les quais & Places publiques de cettedite Ville, & tous autres lieux, Ports, & Havres de cettedite Ville, & tous autres lieux, Ports & Havres de cette Prouince, pour estre executé, gardé & obserué selon sa forme & teneur, par maniere de prouision, & iusques à ce que par le Roy autrement en ayt esté ordonné: Et seront les Vidimus imprimez, & enuoyez esdits Ports & Havres. FAIT à Roüen en ladite Chambre de Vacations, le treiziesme jour d'Octobre, l'an mil six cens & dix-sept.

Signé, DE MEDINE.

9 782014 450682